四特 教育系列丛书 SITE JIAOYUXILIECONGSHU

U0724120

与差生说拜拜

《"四特"教育系列丛书》编委会 编著

吉林出版集团股份有限公司
全国百佳图书出版单位

图书在版编目（CIP）数据

与差生说拜拜／《"四特"教育系列丛书》编委会编著.
—长春：吉林出版集团股份有限公司，2012.4
（"四特"教育系列丛书／庄文中等主编.课堂教学与
管理艺术）
ISBN 978-7-5463-8723-9

I.①与… II.①四… III.①后进生－教育－中小学
IV.① G635.5

中国版本图书馆 CIP 数据核字（2012）第 044373 号

与差生说拜拜

YU CHASHENG SHUO BAIBAI

出 版 人	吴 强	
责任编辑	朱子玉 杨 帆	
开 本	690mm×960mm 1/16	
字 数	250 千字	
印 张	13	
版 次	2012 年 4 月第 1 版	
印 次	2023 年 2 月第 3 次印刷	

出 版	吉林出版集团股份有限公司	
发 行	吉林音像出版社有限责任公司	
地 址	长春市南关区福祉大路 5788 号	
电 话	0431-81629667	
印 刷	三河市燕春印务有限公司	

ISBN 978-7-5463-8723-9   定价：39.80 元

前 言

学校教育是个人一生中所受教育最重要的组成部分,个人在学校里接受计划性的指导,系统地学习文化知识、社会规范、道德准则和价值观念。学校教育从某种意义上讲,决定着个人社会化的水平和性质,是个体社会化的重要基地。知识经济时代要求社会尊师重教,学校教育越来越受重视,在社会中起到举足轻重的作用。

"四特教育系列丛书"以"特定对象、特别对待、特殊方法、特例分析"为宗旨,立足学校教育与管理,理论结合实践,集多位教育界专家、学者以及一线校长、老师们的教育成果与经验于一体,围绕困扰学校、领导、教师、学生的教育难题,集思广益,多方借鉴,力求全面彻底解决。

本辑为"四特教育系列丛书"之《课堂教学与管理艺术》。

目前,在我国的学校教育中,课堂教学仍然是一种主要的教育教学活动,要想有效地提高课堂教学质量与效果效率,就必须充分尊重和应用教育科学理论,系统学习、研究、提高课堂教学艺术水平,这不仅是对课堂教学的客观要求,而且是教育教学研究的发展趋势之一。因此,有志于从事教育事业去当一名教师的教育专业学生,都有必要去学习、研究课堂教学艺术,为今后做一名合格的教师进行充分的准备。本书把教育教学理论和教育教学实践有机地结合起来,系统地研究课堂教学的规律和实践,研究教学过程中的各种实际问题。

本书还有另一个很明确的目的,那就是:确立班级管理的专业地位,提升师生教学质量。我们分别从学生、教师(班主任)的角度分别进行说明。班级管理是门艺术,大凡艺术殿堂的攀登,都需要自觉的奉献;班级管理又是门科学,涉及科学领域的探索,必依赖智慧的涌动。希望本书的出版,能为工作在第一线的广大中小学班主任提供一个支点,同时,能唤起一部分对班主任工作感兴趣的专家学者的热情,共同来研究这个新课题,让班主任班组管理这项至关重要的工作,更具科学性和艺术性。这也是本书编写的意义所在。

本辑共20分册,具体内容如下:

1.《怎样把课说好》

"说课"是深化教育改革,探讨教学方法,实践教学手段,提高教育教学业务水平的一种好方法,也是教师进一步学习教育理论,用科学的手段指导教学实践,提高教学科研水平,增强教学基本功的一项重要方法。本书主要从说课准备、精心设计与组织说课材料、幽默为教法服务、情感学法说课、辅助教学程序、互动教学目标、应对说课失误和总结说课经验等方面来进行铺垫和阐述。我们站在说课者的角度,多层次地模拟了说课中遇到的各种问题,并提出了相应的改进措施,希望教师在说课中少走弯路,对于日后的说课教学能起到更大的帮助。

2.《怎样设计教学情境》

本书着重探讨了如何使新课程提倡的自主学习、探究学习、合作学习真正进入到课堂之中。通过介绍西方课堂设计的理论和教学策略,总结国内课堂教学改革的成功经验,为教师进行有效的课堂设计提供切实的指导和帮助。

3.《怎样把课备好》

备课能力是一个教师最基本的业务能力。备课是教师教学活动的一个重要组成部分,也是上好一堂课的前提和重要保证。教师要上好课,首先必须备好课,备课是一项深入细致的工作,是教师达成良好教学效果的关键。教师备课最需要用"心"、用"情"、用"力"和重"思"。

4.《怎样把课上好》

课堂动了,学生活了,互动、对话成为课堂教学的常态了,课堂上出现一系列变动不居的场景也就在情理之中了。教师根据课堂教学中生成的各种资源,形成后续的、新的教学行为。动态成为常态,生成成为过程,这些教学的新要求,是上课时教师需要加以灵活掌握的,也是本书所要介绍的。希望通过本书,教师不仅能获得教学的新理念,同时能获得基本的教学策略。

5.《走出教学雷区》

由于学识、经验、能力、性格、思维等诸方面的限制,教师由于认识和行动上产生了偏差,在教学过程中走入误区在所难免。本书列举了日常教学工作中教师常出现的一些问题甚至错误,分析这些问题产生的根源及这些问题在教学中的呈现形式,提出解决的方案,引导教师避免或者走出误区,通过"行动—反思—再行动—再反思",引导教师做一个反思型教师。促进教师在专业化的道路上更快的成长和进步。

6.《让学生出类拔萃》

在学校里,尖子生往往是重点培养对象,集"万千宠爱于一身"。但是作为教师,不能被尖子生"一俊遮百丑"而忽视对他们的培训和教育。教师应该正确认识和了解尖子生,做好培优工作,积极引导,严格要求,满足他们强烈的求知欲,充分施展其才能并通过尖子生积极进取的态度、较好的学习方法影响和帮助其他同学共同发展,使全体学生成绩不断地推进。

对尖子生的培养是一项艰巨而漫长但又极具乐趣的工程,希望通过本书的学习,我们的教师都能发现千里马,精心、尽力培养,让他们跑得更快、更远!

7.《一对一教学》

在中国,"一刀切"式的教学方法普遍存在于课堂中,然而,每个学生特点各异,只有建立在了解学生基础上的个性化教学才能使学生受益无穷。

不是崭新的课本、新潮的教学技巧,也不是最新的教学设备,唯有优秀的教师才是学生成功的关键。坚信我们有责任坚持不懈地寻找和发现优秀的孩子,我们也要认识到每一个孩子都与众不同。本书致力了解我们的学生并找到适合各个学生的教学方法,因材施教。

8.《让课堂动起来》

教师如何形成新的课堂教学艺术技巧、如何让课堂变得更加生动有趣,这正是本书论述的要旨所在。

教师要上好一堂课,除了要有热情与高度的责任感之外,还要有渊博的知识和一定的讲课技巧,教师必须认真备课、多动脑、多想办法,有了一定的授课技巧,课堂就会时时呈现出精彩!

9.《不怒自威》

本书以清新的笔调、详实的案例向教师娓娓道来:要树立起自己的威信,教师除了要师德高尚、敬业爱生,专业精湛、诚实守信、仪表得当,还要宽严有度、教管有方、赏罚分明、公平公正。只有这样,学生对教师才能心悦诚服,也只有这样,教师才不会在"学生难管"的哀叹中失落教育的权威。

10.《好学生是怎样炼成的》

行为变成习惯,习惯养成性格,性格决定命运。一个动作,一种行为,多次重复,就能进入人的潜意识,变成习惯性动作。习惯对每个人梦想的实现,命运的选择起到了决定性作用。青少年正处于一个习惯的塑造和培养期,养成良好的习惯会让每个孩子都成为好学生,会使其受益终生。

11.《与差生说拜拜》

本书以新颖的创作手法和情真意切的教育语言从多个方面阐述了怎样对后进生进行转化,如何正确认识后进生,坚守对后进生的教育之爱,唤起后进生向上的信心,解开后进生的"心结",有针对性地解决后进生的"问题"行为,加大对后进生的学法指导,提升后进生的自身能力,善用工作技巧来解决后进生问题,走出教育后进生的误区。本书有较强的可读性、针对性、实用性和操作性,对教师转化后进生的教育工作有实际性的参考和切实有效的帮助。

12.《从管到不管》

课堂管理艺术和技巧是以学生发展为本的,是教师教学智慧的新表征,是教学实践和经验概括和理性提升,本书所阐述的艺术和技巧是简约的,实用的,可操作的,可借鉴的。教师通过本书的阅读和借鉴,能够在新课程实践探索的道路上,不断更新课堂管理理念,优化课堂管理行为,形成新的教学本领和新的课堂管理艺术,让课堂教学焕发出生命的活力。

13.《把握好教学心理》

为了帮助读者成为"有意识的教师",作者提出了若干问题以引导学生思考和学习,并列举大量课堂实例,作为实践范例。本书鼓励教师去思考学生是如何发展和学习的;鼓励教师在教学之前和教学过程中做出决策;鼓励教师思考如何证明学生正在进行学习、正在迈向成功。本书反映了当前有关的新理论与新进展,所介绍的各种研究结论在课堂实践中得到了验证与应用。该书所倡导的兼收并蓄的均衡教学为教学的专业化发展奠定了基础。

14.《完美的班规》

优秀的班集体需要制订切实可行、行之有效的好班规。本书采用了通俗的创作方法,把死板的道理鲜活化,把教条的写法改变为以案例为主,分析、评点为辅,把最先进的教育理念和方法融入有趣的情境中。经典的案例,情境式的叙述,流畅的语言,充满感情的评述,发人深省的剖析,娓娓道来、深入浅出,让教师更充分地领会先进、有效的教育方法。

15.《让问题学生不再成问题》

班级里总有那么些学生:有的顶撞老师,经常迟到;有的迷恋网络,偷拿钱物,早恋;有的对同学暴力相向,甚至离家出走;教师在他们身上花费很多精力,然而收效甚微。教育这些学生,需要耐心,更需要教育的智慧。

本书是一部针对这一现象为教师提供方法的教育研究专著,也是一部关于问题学生的教育学通俗读物。本书以教师最头痛的问题学生为突破口,努力在这个问题上把智慧型教育理论化、具体化、可操作化,且适当规范化。这既是教育问题学生的一本"医书",也是教师科学思维方式的培训教材。

16.《消除师生间的鸿沟》

本书在编写中,尽力以轻松的笔调来"海阔天空"地谈论教育中的师生关系这一敏感问题,以求能让读者在阅读中有快乐、有启发、有思辨。本书每一篇章采用夹叙夹议的编写风格,叙述的是事例,议论的是道理。为了最终能让读者更广泛、更深刻地明白教育道理,本书一般通过"生活事例——生活道理——教育道理——教育案例"这种内外结合、纵横交错的行文方式,实现"顺理成章"的阅读品质。

17.《用活动管理班级》

随着社会和教育的发展,我们对班级的认识也经历着一个相应的发展历程。班主任的角色定位与对班级性质的认识应该是相匹配的。班级活动作为班级功能主要的承载体,在功能、形式和内容上同样需要在新课程背景下重新定位。本书紧扣班主任专业化发展这一核心理念,从班主任实际工作需要出发,由案例导入理论问题,又理论联系实践,突出案例教学与活动的组织和设计;不仅贯彻教育部提出的针对性、实效性、创新性、操作性等原则,而且便于进行系统、有选择性的培训。

18.《学生奖惩艺术》

现在的学校普遍提倡激励教育,少用惩罚性处罚手段,认为处罚只能打击学生的自尊心,使学生丧失上进和改正缺点的动力。但是,激励不是万能的。教育不能没有处罚,没有处罚的教育是不完整的教育。本书针对教师如何奖励和处罚学生进行了系统而深入的分析和探讨,并提出了解决这一问题的新思路、可供实际操作的新方案,内容翔实,个案丰富,对中小学教师颇有启发意义。本书体例科学,内容生动活泼,语言简洁明快,针对性强,具有很强的系统性、实用性、实践性和指导性。

19.《永葆教育激情》

谁偷走了中小学教师的激情?生命中不能承受之重对教师起到了什么影响?教师职业倦怠的原因在哪里?克服倦怠的具体行动有哪些?如何正确认识和驾驭工作压力?……这些问题就是本书要为你回答的。本书对教师的职业倦怠进行了系统而深入的分析和探讨,并提出了解决这一问题的新思路、可供实际操作的新方案,内容翔实,教案丰富,对中小学教师颇有启发意义。

20.《超级班级管理法》

班级管理是门艺术,大凡艺术殿堂的攀登,都需要自觉的奉献;班级管理又是门科学,涉及科学领域的探索,必依赖智慧的涌动。本书是多位优秀班主任集思广益、辛勤笔耕的结晶。一是实用性,所选的问题都来自班主任的实际工作,容易引起班主任的同感。二是可操作性,提出的应对方法都简便易行。三是时代性,所选问题与当前课程改革,与学生实际相结合具有浓厚的时代气息。

由于时间、经验的关系,本书在编写等方面,必定存在不足和错误之处,衷心希望各界读者、一线教师及教育界人士批评指正。

编者

C目 录
ONTENTS

第一章

如何正确认识后进生

好学生与后进生：教师的一种观念而已

你是不是觉得自己很穷，但如果与衣衫褴褛者相比，你必定有一种富人的自豪感吧？你是不是觉得自己工资太低，但当你得知在偏远的山区，教着同样内容的教师，每月的工资只够吃青菜、萝卜时，你还会觉得低工资是问题吗？同样的道理，当你觉得自己挺有自信时，突然发现一个又高又大的人站在你面前，一种天然的危机感油然而生，自信像老鼠一样溜之大吉。以上这些例子，只是想证明一种观点：对于穷与富，只是一种观念而已。同样，对于学生的好与坏，也只是教师的一种观念而已。

经常听到教师抱怨学生太笨。"现在的学生实在是太笨了。连26个字母都背不出来。""这还算好的，我们班还有更笨的学生，昨天当着你的面背会了26个字母，可今天照样不会背。"也经常听到学校抱怨生源太差，甚至连各县教育的龙头老大——县中或者县一中，同样持这种观念：这几年学校扩招，把原本不应该到我们学校的学生，也招了进来，生源质量严重下降呀。姑且不论如果学生自己捧着教材就会熟背26个字母，还需要教师做什么；也不论这位抱怨生源太差的教师，是否也是因为扩招才被招进这所学校的，事实上，在每位家长眼中，不管教师是如何看待学生的，这些学生都是家长眼中最为聪明的孩子。对学生的评价与定位之所以有如此大的差异，并不是学生的智商因人而异，而是因为教师与家长看待学生的角度不同，理解学生的观念不同。

当孩子在父母千教万教之后，开始叫出第一声"妈妈"时，我们为自己孩子的绝妙表现而惊喜，也为自己的教育能力而惊叹。于是，我们不断地教孩子叫"爸爸"、"爷爷"、"奶奶"，再接着教"叔叔"、"阿姨"、"姑姑"、"伯伯"。孩子每会喊一个名称，大家都会夸这个孩子聪明，于是孩子不但乐于继续叫你，还乐于去学习更多的名称。

可到学生学会喊"老师"时，这种学习的心态与学习的成就感，就慢慢消失了。这不能怪我们的教师，而是因为有太多的孩子叫"老师"，于是教师不得不区分哪个学生叫得最"好听"，哪个学生叫得最

"亲切"，哪个学生叫得最"标准"。当教师按照以上标准，把这些孩子区分为三六九等时，只有很少的孩子会延续在家中获得的学习成就感，更为可怕的是，教师对孩子的评价，还会慢慢传染给孩子曾经叫过的名称那里，比如"伯伯"、"姑姑"、"阿姨"和"叔叔"，于是这些曾经夸奖过孩子的人，又开始改变自己的初衷，接受作为专业人员的教师对孩子的专业评价，当然这个评价很少是令孩子们有自信心的。当大家都认为孩子不甚聪明时，作为社会人的父母，也就难以坚持自己的观点了，尽管他们自己是那么的不愿意，但也只能认可他人的评价；尽管认可这样的评价，是在无形中承认了自己的笨拙，因为人们往往认为孩子的聪明与否很大程度上是继承了父母的基因。尽管给孩子的评价，只是教师的一种观念，但通过大家的传递，这就成了一种事实。

如果我们去医院看病，医生给我们问诊之后，就对我们讲道："你怎么生这种病呢，你不知道这种病不好治吗？"此时的我们，会不会倍感委屈呢？当我们教育过学生之后，我们对学生说："你怎么就这么笨呢，你不知道学习是需要聪明的吗？"我想，此时的学生，心中的委屈绝对不亚于在医生面前的我们。

其实聪明与愚笨，只是一种观念而已。曾经听过一个真实的教育故事：

有一位非常有名的钢琴教育家，他教出了无数成名的钢琴家，而且他还具有"华生式"的教育狂言，只要给我一个孩子，我就可以把他教成一位成名的钢琴家。有一天，一位母亲很生气地来到这位钢琴教育家面前，说："如果你教我家小孩的钢琴，你就不会有今天这样的自信了。"于是，这位钢琴教育家来到了这位母亲的家里，并开始"欣赏"这家孩子的钢琴独奏。听完之后，他很兴奋地站起来，对小孩说道："你真是一位天生的钢琴家，在你的钢琴独奏中，我闻到了一位钢琴家的味道。"当孩子听到他的评价时，眼前突然有了一丝亮光。当钢琴教育家走出家门时，母亲迫不及待地责问钢琴教育家道："你怎么可以欺骗小孩呢？"钢琴教育家坦然地说道："我是钢琴教育家，不是钢琴家，所以我并没有欺骗任何人。"多年后，这位小孩在这位钢琴教育家的调教之下，真的成了一位知名的钢琴家。

原来一位学生的钢琴弹得如何在不同的人眼中，会形成全然不同的观念。从教育的角度而言，这些观念的准确与否并不重要，重要的是这些观念是否有助于提高孩子对弹钢琴的兴趣，是否有助于孩子将钢琴弹得更好。那么，学生表现的好坏，是不是也会在教师的眼中形成完全不同的观念呢？而我们对学生的评价又是否只是一种观念呢？如果是这样，那么好学生与后进生，也就只是教师的一种观念，如果为了帮助学生更好地学习，教师是否也可以更换一种观念，从而帮助后进生更喜欢学习，帮助他们学得更好呢？

记得上高一时，限于自己的数学天赋不高，在一次单元测试中，总分120的试卷上，我居然只得了23分。这种笨，是我无法掩饰的，也是我自己不愿意看到的。但这种经历以及自己愚笨的事实，却特别有利于我从事教育工作，因为在我的眼中，凡是能得到23分以上的学生，都是聪明的学生，我都会用羡慕与欣赏的眼光去看他们；凡是得到低于23分的学生，都是我的朋友，我都会伸出自己的双手，用久别重逢式的心情去拥抱他们，然后与他们一起探讨走出困境的方法。可惜的是，我们太多的教师没有过这种失败的体验。因此，我愿意欣赏学生，并不是因为学生太聪明，或者学生值得我欣赏，而是因为我知道自己也有不聪明的地方。

当我们用年长者的心态，以一个学科专家的身份去俯视我们的学生时，我们的学生都是笨蛋，除了极为少数的几位天才，因为他们这么小的年龄就可以超越我们多年的知识积累。当我们用朋友的心态，以一个共同遭遇者的身份，去仰视我们的学生时，我们的学生都是聪明的，除了极为少数的几位笨蛋，因为他们居然和我们自己一样的笨。只是我们的笨，表现在无法教会这些笨蛋，而他们的笨，表现在无法领会我们给他们的"教"。

把"后进生"从教师的字典里抹去

曾看过一篇报道，让我触目惊心：

据全国少工委的一项统计，在我国现有的3亿学生中，被老师和家长列入"后进生"行列的学生已达到5 000万人，每6个学生中就有一个后进生，他们在学校不再被认为有什么希望，而成为家长和老师的

"问题孩子"。有统计显示，这一数字相当于 1 个法国、10 个瑞士、100 个卢森堡的人口总数。

真有这么多的后进生吗？

当然不是！

虽然，作为唯物主义者，我们并不否认"后进生"的确存在，但是，绝大多数时候，我们眼中所谓的"后进生"其实并不差，他们或者只是暂时落后于人，或者就是我们缺少一双善于发现的眼睛，未能像"伯乐"一样，巧识"千里马"。

下面这些故事，或许能给我们一些启示：

故事一：电影舞星弗莱德·埃斯泰尔 1933 年到米高梅电影公司试镜后，在场导演给的纸上评语是："毫无演技，前额微秀，略懂跳舞。"后来，埃斯泰尔把这张评语裱起来，挂在比佛利山庄的豪宅中，以此来激励自己。

故事二：彼得·丹尼尔小学四年级的时候，常遭班主任菲利普太太的责骂："彼得，你的功课不好，脑袋不行，将来别想有什么出息。"彼得直到 26 岁的时候，仍然大字不识几个。有一次一位朋友念了《思考才能致富》的文章给他听，彼得深受震动，此后就变了一个人，现在他买下了他当年打架的街道，并出了一本书《菲利普太太，你错了》。

故事三：发表《进化论》的达尔文，当年决定放弃行医时，遭到父亲的斥责："你放着正经事不干，整天只管打猎、捉耗子，将来怎么办？"另外达尔文在自传上透露：小时候，所有的老师和长辈都认为我资质平庸，我与聪明是沾不上边的。

故事四：罗丹的父亲曾抱怨自己有个白痴的儿子。在众人面前，他也是个前途无"亮"的学生，艺术学院考了三次还考不进去。他叔叔绝望地说：孺子不可教也。

故事五：爱因斯坦 4 岁才会说话，7 岁才会认字，老师给他的评语是："反应迟钝，不合群，满脑子不切实际的幻想。"他还遭到退学的命运，在申请瑞士联邦技术学院时也被拒绝。而他死后，许多科学家都在研究他智力过人、大脑与常人的不同之处。

故事六：丘吉尔小学六年级时曾遭留级，他的前半生也充满失败和

挫折，直到62岁才当上首相。

故事七：一代围棋大师吴清源幼时酷爱下棋，但家贫，生计常无着落。舅舅曾让他学一技之长，他不干，舅舅很生气：下棋能当饭吃吗？吴答：能。十多岁时他在段琪瑞府上下棋，月支8块大洋，足以养家糊口。东渡日本后，曾击败所有高手，独霸棋坛。

到底是谁错了呢？这些名人大家在常人眼里都是"不可教的孺子"而已，但他们每个人都有一定的特长，一定的优点。我们从"不学无术"的角度看他们，他们怎么可能是优秀的人呢？著名教育家陶行知先生说过："你的教鞭之下可能有瓦特，你的冷眼里可能有牛顿，你的讥笑中可能有爱迪生，你的骂声中可能有爱因斯坦，你别忙着把他们赶跑，你可不要等到坐火轮、点电灯、学微积分，才认识他们是你当年的学生。"只要我们换个角度来看待学生，我们就会看到他们的优点。

所以，说小孩子是后进生，实际上是给孩子过早地贴上了标签，是一种不负责任的行为。他也许有不足，但是他总是要发展的。无论如何，我们要对人绝对地抱有信心，你只有对人抱有信心，你才能积极地去做工作。

人的天资是不一样的，但是每个人都是要发展的，只是彼此有先有后的问题。每个人都有自己的天资，所以对于每个人都是"天生我才必有用"。我们今天所做的一切都是基础教育，请"为35岁而教育"。一个人究竟能够发展成什么样子，在20多岁的时候是看不出来的，他要不断地学习，不断地和社会磨合，只有到了30多岁才能知道自己真正能干什么，所以我们不要简单地在他小的时候就妄下结论。一个人是在不断发展的，只是早、晚发展的问题，没有优、差的问题。

有的时候，创业最优秀、体育最优秀的并不是学习最好的孩子，所以人的发展是不同方面的，用简单的"后进生"标签来标注孩子，就损伤了孩子的自尊心。我们教育工作者必须要相信，每个孩子都是一颗非常小的种子，在某个时候他总会发芽。

其实，关于后进生，是由于评定的标准不一样，假设我们定武术为必修课，以武术的成绩作为优差的主要标准，其余一概作为副科，则很

多所谓的后进生就会成为优等生。"能超越自我就是成功"，引导学生超越自我比片面要求其达到什么水准更重要！李连杰现在是影坛巨星，尽管他没有上过学，然而他有武术的天资，并且从小练起。我们现在确实要发现每个孩子不同的优点，使每个有不同资质的孩子都能够发展，所以我们应该用多种评价体系来评价孩子，我们应该努力做好这样的工作。正如美国心理学家加德纳所说："我们未来力求给每个孩子开设不同的课程。"

后进生的界定是非常简单和粗暴的，"后进生"之差不是一个人的错，更不是一个人的祸，何况这些所谓的"后进生"并不是什么都差，他们在某些方面可能比"优等生"还要优秀一些，他们也在享受生命并追求成功，将来走向社会也会异彩纷呈。他们即使读书不成，也仍然有足够的人格基础，去学习其他的技艺，要知道"三百六十行，行行出状元"！严格地讲，世间是没有差生的。教育不能把分数列在第一位，育人的要义是学做人，学生存。

面对所谓"后进生"们那一双双渴望理解的眼睛，我们的老师不感到心灵上的震颤吗？教师，不仅仅是文化知识的传播者，更是塑造学生灵魂的工程师，任何一个把"后进生""塑造"成为社会负担的教师，都可以称得上是天底下最失败的老师。

我们还是套用鲁迅先生的那句名言吧：世上本没有"后进生"，教育失误多了，慢慢才有了越来越多的"后进生"。人确实存在一定的差异，但是只要教育方法对头，每个学生都会在现有的基础上进步。

请把"后进生"从教师的字典里抹去。

不以分数论英雄

前苏联著名教育家苏霍姆林斯告诉教育者："不要让上课、评分成为人精神生活惟一的、吞没一切的活动领域。如果一个人只是在分数上表现自己，那么可以毫不夸张地说，他等于根本没有表现自己，而我们的教育者，在人的这种片面的情况下，就根本算不得是教育者——我们只看到一片花瓣，而没有看到整个花朵。"因此，我们不应该把"后进学生"看作思想品德坏、学习成绩差的群体，而应该视其为一个一个具有自己丰富而独特精神世界的"个体"。没有健康愉快精神生活的

人，是不幸者，而我们眼里的"后进学生"，几乎都是这样的不幸者！由于在智力水平、行为习惯、知识基础、家庭背景等方面的差异，"后进学生"很难在短时间内与班集体同步，于是心灵的悲剧便发生了：自卑自贱但表面上满不在乎，上课无法听懂又不得不日复一日地坐在教室里，作业往往做不出便只好胡乱应付因此自然常被各科老师斥骂，受尽了同学们的白眼于是处处与集体作对……

"尊敬的教育者们，请时刻都不要忘记：有一样东西是任何教学大纲和教科书、任何教学方式都没有作出规定的，这就是儿童的幸福和充实的精神生活。"（苏霍姆林斯基）要求所有学生必须在同一时间达到思想道德、文化学习的统一标准，这是许多"后进学生"根本没有"幸福和充实的精神生活"的主要原因之一。而转化"后进学生"，从某种意义上讲，就是还他们以本来应该拥有的"幸福和充实的精神生活"——这，又必须从每一位"后进学生"独特的精神需要入手。

著名教育家李镇西曾讲过这样的教育故事：

平时上课老坐不住的陈元兵，有一次课堂上居然偷偷地在抽屉里"研制"炸药，结果引燃了书包，差点儿造成恶性事故。我严肃批评教育他后，主动给他介绍一位化学老师，让陈元兵"好好从基础学起"，结果他不但在课堂"老实"多了，而且居然逐渐迷上了化学。伍锐课堂上耍蛇，吓得全班同学不敢进教室，我介绍他与生物老师交朋友，后来生物老师叫他当科代表，还让他参加了生物课外兴趣小组。文建国上课从来不听讲，说是"听不懂"，但他对小制作特别入迷，所有的零花钱几乎都用来买车模零配件，于是，我专门嘱咐物理老师，叫他指导文建国搞各种小制作，并让其参加各种小制作比赛。郭华威一上课便睡觉，我也看不出他有啥兴趣爱好，于是，我给他推荐既有教育意义又有精彩情节的长篇小说《烈火金刚》，叫他在课堂上抄这部小说；两年过去了，他已抄了11本作文本……

曾有同事对李镇西的这些做法不理解："这些学生的学习本来就够差的了，你还如此迁就他们，毕业考试怎么办？"他的回答是："我不这样做，他们仍然毕不了业；而根据他们的个性，发展其爱好，这不但

能使他们或多或少学点知识，而且还能够引导他们的做人之道。"后来这些学生的表现和发展，不但证明了李镇西这些尝试的成功，更进一步印证了苏霍姆林斯基的这段精辟论述："我在学校里对儿童、少年和青年的几十年工作，使我得到一条深刻的信念：人的天赋、可能性、能力和爱好确实是无可限量的，而每一个人在这方面的表现又都是独一无二的。自然界里没有一个这样的人，我们有权利说他是'无论什么都不行'的人。共产主义教育的英明和真正的人道精神就在于：要在每一个人（毫无例外地是每一个人）的身上发现他那独一无二的创造性劳动的源泉，帮助每一个人打开眼看到自己，使他看见、理解和感觉到自己身上的人类自豪感的火花，从而成为一个精神上坚强的人，成为维护自己尊严的不可战胜的战士。"

苏霍姆林斯基的话，值得所有教育者深思。

"淘气的男孩是好的，淘气的女孩是巧的"

著名作家冰心说过："淘气的男孩是好的，淘气的女孩是巧的。"有位知名校长也说过："犯错误是孩子的权利。"淘气是孩子的特点，是正常现象，犯错误是难免的。这样看有什么好处？可以让自己心平气和，利于找到更科学的教育方法。

其实，淘气的孩子中往往蕴藏着巨大的力量，他们常常能做出一般"好学生"做不出来的"业绩"。有位孙老师讲过这样一个故事：

我校南春山老师班里转来一个"淘气包"，上课不守纪律，课后不完成作业。有一天，他对南老师说："南老师，不是我不想好好学习，我是真的管不住自己；我不是个坏学生，是大家不客观看待我；也不是我不服班委，是他们的能力不行。如果让我来干，我一定……"对他的这一番话，南老师没有觉得他是一个"狂妄自大"和"矫情"的学生，而是从中看到了他的聪明、自信和大胆！看到了他身上宝贵的求异思维的火花，于是，南老师马上说："好啊！我完全信任你！但不管怎么说，你说你行，也得让咱们看看行不行吧？从今天起，咱就先看你半个月怎么样？最起码咱得先从纪律和学习方面来个变化是不是？""行！一言为定！"

这个学生就有了突飞猛进的变化，跟换了个人似的，纪律上有了明显的约束力，学习上有了大幅度的提高，还能积极支持班干部们的工作……

南老师看在眼里，喜上心头，不断在同学们面前表扬他，不久，他真的当上了中队长。南老师和干部们商量，让大家支持新上任的中队长的工作，让他充分发挥他的智慧和才能。

这位中队长劲头十足，第一次搞活动竟真的不同凡响。当时正值全国上下"亚运热"，他们的活动内容就定的是邀请荣获金牌的运动员来做报告。他们分头行动起来，这个孩子单枪匹马来到了国家体委训练局，一口一个"叔叔"、一口一个"大爷"地软磨硬泡，最终感动了体委领导，训练局派出了第11届亚运会自行车室内一公里金牌得主周玲美到学校做报告。

这次活动搞得红红火火，令人难忘。临了，这位中队长还没有忘记向周玲美大姐姐送上一份小小的纪念品。最出乎南老师意料的是，活动之后，他还将此将活动专门写了两份通讯报道稿，发往《体育报》和《北京晚报》，这两报还都真给发表了。

我教三年级时，六年级一个班的中队会邀我去观看，我挑了一名中队长和一个淘气包和我一起去参加。同学们很惊讶，怎么也让他去？我解释道："别看他淘气，他可是咱们中队的少先队活动的积极分子。"这个中队会结束时，没想到人家请来宾发言，我带来的这两个代表当场高度评价了六年级的中队会，发言十分得体。回班后，我表扬了他们，大家也信服了我的选择。在后来我们中队的《甜与美》糖纸展览活动中，这个淘气的学生十分积极地担当了解说员的角色。现场会上，面对着中央领导，面对着中央电视台的摄像机，在极强烈的灯光下，他的表现从容不迫，发言妙趣横生。他那自如的神态，自豪的表情以及生动的语言，都充分显示出自己是个"小主人"。他在作文中写道："有的老师嫌我淘气，说要整整我，可孙老师瞧得起我，喜欢我。"他告诉他的父亲："孙老师像太阳，融化了我心中的冰雪。"这话说得太夸张了，但也说明老师尊重学生所起的作用。所以我想说，对孩子尊重，也是教育。对于淘气孩子的尊重与信任，往往会使他们受宠若惊，内心产生巨大的冲击和震动，使他们身上的闪光点迅速扩展。

可不可以这样说：淘气是孩子们的"权利"，也是他们的"专利"。你不可能限制他，你要从他的淘气中搜寻到他身上闪光的地方，把它看作是"宝"，并让孩子自己和同学们也认识到这是宝，是有创造性的表现，那么我们就不会嫌弃和害怕他的淘气，而是用欣赏的眼光来对待他的淘气，来认可与尊重孩子的淘气。这时，我们的工作就会变得主动和轻松起来，甚至还可以从中得到很大的乐趣。

有时，孩子犯错是出于好奇。国庆节到了，学校里摆满了鲜花。一个孩子看见小蜜蜂直往花朵里钻着，他想，这花朵里肯定有蜜，就揪一朵用舌头舔舔，真有点甜味，再揪一朵舔舔……以至忘了这花是不该揪的公共财物，可已经被老师抓住了，交给了班主任。开始班主任也想：他怎么敢公然破坏公共财物？但仔细了解后，火气就消了许多，最后心平气和地告诉学生，对事物产生好奇心是好事，但做事要考虑后果。后来，他给学校拿来了一盆花作为补偿。班主任处理这类问题容易不冷静，认为是很丢面子的事，因此就很难做到尊重孩子。但如果一个孩子屡屡受到不切合实际的批评，他会产生逆反心理，以后的教育就很难进行了。

即使孩子真的犯了令人难以容忍的错误。也要认真诚恳地予以帮助，而不能生硬地狠批一顿完事。我教四年级三班时，年级中班级之间要举行拔河比赛。一班有一个大力士宋某，哪班都很难赢他们班。我班高某竟然想出一个"行贿"办法。一班宋某看见我班高某在玩儿胶泥棒，他也想要，我班高某说："给你胶泥棒可以，可有一个条件，你们班和我们班拔河的时候，你不能使那么大的劲。"宋某说："行。"但还没比赛呢，事情就败露了。比赛前，我班中队长哭着跑来找我，说："一班同学质问我：'你们班品德课怎么学的？居然对我们班同学行贿！'您看，高某这么做丢不丢人哪！他还说是为了班集体，这叫什么呀，真是的！"我听后，马上找到一班的宋某，告诉他，和高某说的话不算数，一定要全力以赴地为自己的班集体争光！比赛结束，我班负于一班，队伍解散后，我们全班同学无一人留在操场上玩的，回到教室，同学们都哭了。我必须认真对待这一使学生惊心动魄的事件。我先听同学们说，一个说："今天，咱们班不光输了拔河，还输了人，丢人！"一个说："比赛前，我一听这事，第一道精神防线就崩溃了。"有的同学开始指责高某："你还为班集体着想呢！你这叫混蛋逻辑！"高某本

是一个很淘气的孩子，这下也蔫了。这时，我说："高某想为班集体争光的想法是好的，但手段是错的！为班集体争光要靠实力，要通过正当的手段，否则，只能为班集体抹黑。问题已经产生了，大家在这里光哭、光埋怨是解决不了问题的。大家想想该怎么办？"班上最淘气的几个孩子愿意代表全班同学陪高某一起去给一班全体同学赔礼道歉。我跟着去了，一个同学代表说："四一班的同学们，我们代表我们班同学来这里向你们全班同学赔礼道歉，我们班高某用不正当的手段想使我们班在拔河比赛中获胜，这样做是错误的，我们向大家说声'对不起'！我们全班进行了讨论，对高某也进行了批评，希望这件事不会影响我们两个班的关系，希望四一班同学原谅我们。"同学们每个人的发言都很真诚，一班同学用热烈的掌声原谅了我班高某的错误。这件事不仅教育了高某，也教育了全班同学，使很多同学的认识提高了一大截。可见，教育"淘气"的孩子并不难，只要你真心诚意帮助他就行。

面对学生，请"一碗水端平"

素质教育的理念强调每一位学生都是独立、平等的个体，教育中具有同样的权利和义务，教师应该相信每一个学生都能进步，并促进每一个学生在其原有基础上获得最大的提高，因此，在素质教育理念下，公正就成为教师必备的职业道德，具体表现就是公平对待每一位学生。

但是，不可否认的是，在教育实践中，歧视"后进生"的现象依然存在。

比如，给学生排座位。

在排座位问题上，我国中小学的现状是学生不能想坐哪儿就坐哪儿，决定权在班主任手里。这种状况恐怕会长期存在，在可以预见的几十年之内，改变的可能性不大。

排座位，通常是按学生个头高矮由前往后，男女生同桌。这样做，可以照顾个头小的学生，以免坐在后排被前面的大块头挡住视线。男女同桌，可防止两个调皮小子在一起摩擦碰撞，影响教学活动的正常进行。

但是，因为排座位的特权在班主任手里，当班主任的教育理念或

道德品德出现问题的时候，很容易导致不利于学生健康成长的座位排列行为，那就是产生人们诟病的"歧视性座位"。"歧视性座位"主要有两种：一种是对成绩差的学生的歧视，一种是对纪律性差的学生的歧视。

先说说学习成绩方面的歧视。

有些班主任为了追求本班文化课考试成绩的提高，常常在期末考试前对学生许诺，下学期全班按照上学期期末考试各科总成绩排名来重新排座位，列全班总成绩第一名的同学有第一个选择座位的权利，第二名有第二个选择座位的权利，以此类推，最后一名只具有末位选择权。

第二学期一开学，全班学生就在教室外背着书包列队站好，班主任从第一名开始点名，被点到名字的学生进教室坐到自己最喜欢的视线最佳的座位上。考试名次位居前列的学生欢天喜地，击掌庆贺，考试成绩居后的学生则垂头丧气。最后，他们只能在众目睽睽之下坐到教室最后一排无人问津的座位上。

最早听说这种"座位按考试成绩排列"的方法，大概是十几年前。其后以惊人的速度传播，不少班主任都尝试过这种办法。一般来说比较常见的是，把"学习好的学生"安排在听课效果佳、采光效果好、远近适中的座位上，而学习差的学生不是在最前面就是在最后面，要不就在前排"练斜眼"的两侧位置。

这是对学习困难学生的整体性歧视，还有个体性歧视。个体性歧视，就是从整体上不改变入学时按照个头高矮排列的座位，即不做全班性座位调整，只按照成绩调整个别学习困难学生的座位。班主任在期末考试前声明，谁成绩列全班倒数最后几名，下学期就坐最后排最靠边的座位。这样，倒霉的仅仅是几个学习最困难学生，相对来说涉及面较小，打击的学生较少。

试图通过打压歧视的方式提高本班文化课考试成绩，只是一种不切实际的幻想，它的实际意义仅在于表达班主任对成绩优秀学生的喜爱，发泄对"扯班级成绩后腿"的学习困难学生的怨恨。从来没有听说有哪个班主任能凭这种"损招"整体提高本班成绩名次，也没有哪个班主任能以此使学习困难学生进入哪怕次中等生行列的。

按照学习成绩排列出歧视性座位，对学习困难学生心灵的伤害是巨

大的。

一位教育家曾在他的博客里这样写道：

一名初三学生发来邮件说，"按成绩排座位是非常不合理的一件事。以往班上每次考完试，就按考分从前到后排座位，我几乎每次因成绩优异都排在前面，可越是这样，每次考试的心理压力就更大，总想着不能多丢一分，不然就可能到后排去了。我记得有次考试失利后，座位忽然跌到了中间位置，那段日子，坐在那个座位上，感觉就是恨不得自己是透明的，惧怕任何一丝他人的目光。"

学习好的有压力，而对成绩排名靠后的，则起不到激励作用。几位在老师眼里属"差生"的同学来电说："课堂上一抬头便见前方人头攒动……这般望去，心中又怎会不生出几分自卑？为什么要用'鞭子'抽我们呢，我们不是陀螺呀！"

按成绩排座位为升学有望的"尖子生"提供了更为有利的竞争地位，却人为地拉大了学生个体之间的学习差距，这样达不到整体提高班级学习质量的要求，显然也有违"教育过程中的公正待遇"的原则。而且，教师以分取人的态度，还会给学习成绩差的学生造成心理伤害。

其次是纪律方面的歧视。

对于屡次上课违纪的学生，班主任屡次批评教育不见成效，盛怒之下，罚他们坐在教室最后面的座位上。于是，有的班级一上课，后面就乱哄哄让任课教师头痛心烦，还有的班主任让个别纪律差或极差的学生自己从家里带来小凳或马扎，单独坐在教室前排一侧，如此等等，不一而足。

和根据考试成绩排座位一样，这些班主任将座位当成一种工具，当成惩罚管教、羞辱歧视违纪学生的工具。

诸如此类的歧视现象，应该说，在学校里并非个别。

当然，我们应该看到，学校歧视"后进生"的现象，与当前的教育体制和评价标准是有关的。目前的中小学校教育普遍处在义务教育与应试教育的夹缝中，一方面要讲"普及"，另一方面在"选拔"。不得不面对优胜劣汰的残酷现实，学生以学习成绩为标准区分成"优秀生"和"后进生"就不足为怪了，学生的学科成绩好坏直接决定了他能否

升入高一级学校的教育环境中，同时也决定了老师的命运，社会评价、奖金、考核、评职、晋级样样都要挂钩，"优秀生"是老师赖以生存的"生活用品"，"优秀生"自然受教师器重，被同学崇拜。当然这绝不能成为"歧视后进生"、"伤害后进生"的理由和借口，这些现象足可以引起教育界和主管部门的广泛关注，并采取有效措施捍卫教育者的公平与尊严，维护公民平等地接受教育的权利，以及受教育者免于被歧视的权利。

"教育公平是社会公平的起点和核心环节，也是以人为本的本质要求。"如果对待"差生"不公平，本质上就造成了学生接受教育的不平等，在强调素质教育和依法执教的今天，公平对待每名学生已成为教师的职业责任。在学生的心中，教师往往是公正、无私、善良、正义的代表，对教师有非常美好的期待。这一美好的期待决定着当教师在与他们的交往中做到公正办事，他们就会感觉到公正的美好和必要，从而奠定他们在未来社会生活中努力追求道德公正的心理基础。如果学生在学校生活中不能感受应有的公正存在，那么学生将很难建立公正的信念，最终会不利于社会公正的实现。

所以，为人师者，请公平对待每一位学生。

承认差异，尊重差异

意大利教育学家洛利斯·马拉多齐在《孩子的一百种语言》中提到："孩子，是由一百组成，孩子有一百种语言，一百只手，一百个念头，一百种思维方式、游戏方式及语言方式。"他认为："儿童是一个自己能认识、思考、发现、发明、幻想和表达世界的栩栩如生的孩子；是一个自我成长的孩子；一个富有巨大潜能的孩子。"是啊，我们的学生千姿百态，我们有什么理由去整齐划一地要求他们呢？可事实上，教学中，我们常常是命题单一，指导统一，批改划一，讲评归一；我们往往用一个标准，一套模式，一种方法，一条思路去要求全体学生。这样，我们的教育就像生产流水线，经过我们教育出来的学生成了规格模式相同的机器模子，创新更是无从谈起，这是与时代发展要求背道而驰的。

俗话说："世界上找不到两片完全相同的叶子。"同样，每个学生

都是一个独特的、完整的个体，学生与学生之间存在着巨大的差异。首先，多元智力理论认为每个人除了语言和数学——逻辑智能以外至少还有其他五种智能——"空间智能"、"音乐智能"、"人际关系智能"、"内省智能"、"肢体——运动智能"，这意味着学生之间存在着智力类型的差异，而且这种差异可能形成每个学生与众不同的学习习惯和行为方式。其次，现代教育心理学提出了以下几对学习风格类型：（1）场独立型——场依存型学习风格。场独立型者倾向于根据自己认为正确的标准去分析和判断事物，在学习过程中具有较强的独立和自主学习的能力；而场依存型者往往依赖于外部参照系来进行学习，在学习过程中容易受到他人或同伴等外部因素的影响或干扰。（2）视觉型——听觉型学习风格。心理学研究发现，在学生群体中，除了极少数视觉学习风格与听觉学习风格均衡和谐的学生在学习过程中占有明显的优势外，大部分学生都处于视觉学习风格与听觉学习风格失衡的状态。有些学生可能视觉学习能力很强，而另一些学生则可能听觉学习能力很强，然而，无论是视觉型学习者还是听觉型学习者都各有所长，也各有所短。（3）趋同型——趋异型学习风格。在学习新知的过程中，趋同型学习者能较为迅速地同化新的知识信息，并且进行心理加工，最后内化为自己的认知结构；而趋异型学习者则倾向于将自己原来的认知结构与新接收的知识信息进行精确比较，并且善于寻找二者之间的差异。（4）冲动型——反思型学习风格。冲动型学生往往根据部分信息或粗略思考就急于作出反应，虽然学习速度较快，但学习不够扎实并容易出错，对考试来说不具有优势；相反，反思型学生则倾向于审慎地思考问题，反应速度较慢，但准确率较高，通常擅长应试。再次，现代心理学理论认为，不同个体由于其遗传素质和所受环境影响的不同，在个性特征方面也表现出两种差异：其一是非稳定性的个性差异，具体包括需要、兴趣、动机等差异；其二是稳定性的个性差异，具体包括气质、性格等的差异。尽管一个班级的学生都处于同一年龄阶段，心理发展的顺序也大致相同，但个体之间仍然存在不同程度的个性差异。就非稳定性个性差异而言，有的学生心理需要层次发展较慢，可能处于寻求安全、关爱等缺失性需要满足阶段，而另一些学生则心理层次发展较快，可能处于寻求归属感、自尊等成长性需要满足阶段。同时，存在于学生之间心理需要的这种差异又可能进一步导致他们之间兴趣的不同，在学习方面可能表现

为：有的学生可能喜欢语文，有的学生可能喜欢数学，有的学生可能喜欢艺术，有的同学则可能喜欢体育等。受不同需要和兴趣的影响，学生之间的学习动机也将呈现多样性，有的学生可能自我期望较高，成就动机较强，有的同学则自我期望较低，成就动机也较弱。就稳定性的个性差异而言，在气质方面，学生之间存在着多血质、胆汁质、抑郁质和粘液质四种类型，四者具有不同的行为特征，其中多血质者灵活但好动；胆汁质者勇敢但固执；抑郁质者则敏感而谨慎；粘液质者则勤勉而怯弱。在性格方面，虽然存在多种关于性格研究的理论，但教育工作者一般喜欢将学生之间的性格区分为内向与外向、冷静与暴躁、犹豫与果断等。的确，这些个性特征上的差异对学生的学习过程和结构都将产生不同程度的影响。

所以，差异是客观存在的，它是教育的结果，同时也是教育的依据。作为一名教育者，面对如此迥异的学生，进行教育工作时就要从学生的兴趣入手，了解和掌握学生的差异，对学生进行因材施教。所谓"材"，就是学生心理的智力类型、学习风格和个性特征等方面的差异性和丰富性，其中主要指他们的兴趣、爱好、气质和性格等心理特点。所谓"因材施教"就是承认差异，重视差异，在教育教学中，从学生实际出发，针对学生的不同特点，区别对待，有的放矢，使学生按照不同的途径、不同的条件和方式，达到统一的教学要求，而且，面对差异，作为教育工作者还需要掌握相关的教育教学技能和策略，有针对性地实行"差异性"教学，因为不同学习风格的学生对学科学习的内容和方式都有其独立性和局限性，如果教师能够考虑学生之间存在着的不同的学习风格特征，将其所教的学科知识信息进行重新分解，加工成多种多样的教学性知识形态，就能够适应不同学习风格学生的差异性需要，使他们更好地接受和理解知识以提高学习效率。另外，教师只有理解并尊重学生之间各种不同的个性特征，并在自己的教育教学实践中采用各种教育智慧和教学策略不断满足学生之间的不同心理需要，才能激发潜藏于学生之中的丰富的求知欲和巨大的创造力，使我国的基础教育能够真正面向全体学生——当然包括后进生，而不仅仅是少数的"精英学生"。

其实，承认差异并不难，最难的是去确定什么才是最恰当处理个人差异的方式以及后天缩小该差异的方法。这里要特别强调的是：请

关爱弱者！请给弱者多一些机会！没有学生会不在意老师的期望，教师的期望除了语言渠道之外，还有一条很重要的潜意识的途径，教师心理往往会不自觉地通过表情、手势、姿态等传递给学生。比如同是注视学生，对优秀学生教师目光往往流露出赞赏和期待，对后进生则往往包含着警告、批评。又如教师的动作，对优秀生拍肩摸头，给予鼓励，对后进生则可能推推搡搡，因冷淡而造成厌弃，教师的这些体态语言背后的心理都会被学生觉察到。因此，教师应对每一位学生怀有真诚的期望，在学生眼中，教师是最值得依赖的，教师一个充满赞赏的眼神，一个饱含爱意的动作，一句透着期盼的话语，都会燃起学生心中的希望。

有位教师讲过这样一个教学案例：

从开学第一节课第一次作业起，我就一直认定这个小男生是我们班基础最差、接受能力最弱的学生。他上课从不认真听讲，不举手回答问题，作业也总是最差，几个字母总也写不好，一下课，他又总是跑在最前面。说心里话，我的确不喜欢这个孩子，课堂上，我一看见他玩东西，就忍不住骂他几句，更别说会有什么关爱的眼神了。可是有一次，我让同学们拼音节，他竟也慢慢地举起了小手，于是我怀着半信半疑的心理请他起来拼，他看看黑板，又看看我，我微笑着朝他点了点头，出乎意料地，他拼出了音节，不仅正确，而且声音洪亮。我马上奖给他一个"笑娃娃"，他拿着奖品，爱不释手。从那以后，在每一堂课上，我都能看见他那只举得高高的小手，渐渐地，他的作业也大有改观，成绩也一天天上去了。仅仅是点了点头，就能让一个孩子有这么大的进步，老师，何必吝啬你的表情和动作？何不把美好的愿望传达给学生，保护学生刚刚萌发的智慧和才能？只有这样，我们才能从学生天真烂漫的小脸上看到他们对未来的憧憬。

总之，面对学生的差异，教师要树立积极的差异意识，不断地提升宽容大度、善解人意、激励奋进的职业情感和人格魅力，真诚地、平等地对待所有学生，给每个学生营造平等的后天努力的环境，保护好每个学生的好奇心和求知欲，努力满足学生的各种心理需要，尊重和鼓励、关爱和呵护每一个学生的心理需求。

第二章

解开后进生的"心结"

准确把握后进生在不同情境中的心理需要

虽然后进生有很多不同的类型，但是他们又有着相似的心理特点。作为教师和班主任，了解后进生的心理特点，并且对其心理进行准确把握，是做好后进生工作的重要基础。

人人都有自尊心，都渴望受到尊重，后进生也不例外。但由于他们已经犯下很多错误，加上周围人的一些定势看法，常使他们的希望落空，形成自卑感。后进生是渴望被信任的，但同时他们又会有对立情绪，后进生也希望得到家长和老师的信任，但这种可能性通常较小，久而久之就会形成一种逆反与对抗情绪。后进生还存在上进心与自制能力差的矛盾心理。他们也渴求上进，想改掉自己的坏毛病，但由于自制力较差，经常在外在诱因的影响下控制不住再次犯错误。青少年学生都有好胜的心理，但由于自身存在的不良习惯，特别是在学习活动中很难取得胜利，好胜心理得不到满足，有时还会遭到其他学生的冷嘲热讽，这种失望心理所带来的后果就会在其他方面寻求满足，如欺负弱小的同学、结成小团体等。

总的来讲，后进生并不是像人们所想象的那样，"孺子不可教也"。他们也有自尊心，渴求被信任，拥有上进心和好胜心，只是因为现实，他们不得不把这些积极的心理隐藏起来。有些学生还会通过满不在乎的方式来进行自我解嘲，这种做法其实是后进生在当前的教育体制下不得已而选择的一种自我保护方式。

让我们来看下面的这则案例：在由一名普通学生"转变"为后进生的过程中，这名所谓的后进生在心理上经历了如何的挣扎，又是如何在内外因素的共同作用下，最终成为一名"地地道道"的后进生的。这则案例对于所有的教育工作者都是一种警醒，都应该从中吸取教训：怎样做才可以少"培养"一些后进生？

他，一米八的个头，长长的头发，黝黑的皮肤，倔强的鼻梁上架着一副眼镜，眼镜后面是一双细小而狂野、明亮而自傲的眼睛。就是这样一名学生，在短短的时间内从普通学生进入到了后进生行列。

不信任——隔阂的产生

他小时候的一次误食，导致他如今患有严重的胃病，给他带来了胃疼的毛病。有一次，因为英语默写不合格，他和其他几位同学一起被当班主任的英语老师在饭前留了下来。看着其他同学陆续离开教室，他忍着胃痛，对老师说明了情况，希望老师能网开一面，让他及时吃饭，以解除胃疼之苦。谁知老师却没有因此而同意他，他认为那是因为老师不相信他所说的话。从此，隔阂、不满在他的心头滋长着。

奚落——矛盾的升级

没过多久，他又因为相同的原因在相同的时间、相同的地点被留了下来，因为上次的经历，他不满地趴在桌上。老师很生气，对同学说："你们要想吃饭就赶快背，不要像有些同学平时生龙活虎，留下来就胃疼……"听着这番话，他觉得受到了莫大的羞辱。他突然站起身，踢倒课桌，冲出教室。桌子坏了，老师叫来家长，让他一赔偿，二道歉。钱是赔了，理却坚决不赔，没办法，只能家长代赔不是。老师怒火未熄，恨恨地说："你这个儿子我是管不了，也不想管了。"家长的训斥、老师的不理不睬，使他内心仇恨的种子开始生根发芽。考试分数的压力使得老师心浮气躁，老师曾多次失去理智地在教室里批评学生甚至训斥学生。长期积累下来的不满和仇恨使他寻找着发泄的机会，于是他带头和老师顶嘴、吵架，借机带领其他同学愤愤离开教室，去操场打球，以示罢课。

动手——矛盾白热化

有一天，老师终于对他扰乱课堂的行为忍无可忍了，用练习册打了他。于是就发生了老师受屈辱的一幕：他以老师体罚学生为由，认为奋起反抗是英雄，于时他拖着任课老师的头发到校长办公室评理……

看完这个案例，真是让人倒吸一口凉气。像这篇文章的作者一样，也"深深为这位老师所受的种种屈辱而不平"，但却更替这位学生感到悲哀。如果最初英语老师能给予学生一点点起码的尊重和信任，细心安慰他几句，马上让他去吃饭；如果后来老师能够再宽容一些，不再进一

步追究此事、没有奚落学生，如果老能够不记"旧仇"，如果……总之一句话，如果这位老师能对这位学生的心理哪怕只有一点点的了解，就不会出现这样的结局。但是现实中不存在如果，事情确确实实已经发生了，还给这名学生的成长留下了不可磨灭的痕迹，难道这位老师对此就能够释怀吗？

有些老师在为自己工作失误辩白时总是说：教那么多学生，哪能保证没有一点偏差呢？能对得起大多数学生就不错了。这种想法可能大多数老师都不会反对。人无完人，我们似乎也不能要求老师对待每一个学生，处理每一件事情都无可挑剔。但是，我们也必须清醒地认识到，老师对学生的教育即使是百分之九十九的成功，那百分之一的失败降临到某个具体的学生身上，却是百分之一百的失败。

同样是面对学生，不同的教师对待的方式不同，那么学生给予老师的回报也是天壤之别。一位学生由于没有完成作业，不敢来上课，就跟班主任老师打电话说自己生病了，不能到学校去。老师就轻言细语地安慰了他几句，让他在家安心养病。下班之后，班主任就买了点水果来到学生家里看他，却发现学生根本就没有生病。学生羞愧不已，第二天，他把作业工工整整地写好，交给老师。在此之后老师没有跟任何人提起过这件事，这位学生以后作业做得很及时，再也没有撒过谎，学习成绩也逐渐转好。从这两个案例的对比可以看出，教师在转化后进生的过程中，如果能够给予后进生多一点尊重，多一点信任，多一份鼓励，准确把握后进生在不同情境中的心理需要，并给予机会满足，那么后进生将会慢慢走出后进生的行列。然而，如果给予学生的是不尊重、不信任、冷嘲热讽、打击报复，那么好学生也可能会被"转化"为后进生，而后进生则可能越来越后进。

消除后进生的自卑心理

小强是个学习较差的孩子，平时不愿与别人来往，情绪低沉，郁郁寡欢，经常自责内疚。从小学一年级开始他就不敢举手发言，与同学、老师交往时总是怯生生的，参加活动也不积极，做事缺乏信心，没有自信，毫无竞争意识。老师问他为什么会这样？他想了半天终于小声地

说："我不知道。"但有时他话又很多，不分时间，不分场合，突然间像一只高音喇叭（声音不小，但又不知道在喊什么）。有时为了引起大家的注意，他拼命地叫，以显示自己的存在；有时还用一种稀奇古怪的声势吓人。每当那时，大家或眼睁睁地看着他，或哄堂大笑；有时他又把对自己的不满转移到他人身上，变责己为责人，莫名其妙地去招惹同学……

案例中小强的行为表面上看起来似乎有些自傲，实际上是自卑的一种表现。

自卑心理是指对自己的品质和能力做出偏低评价，或者对自己的智力和能力产生怀疑的一种心理感受。自卑心理在后进生中表现得尤为明显。

后进生的自卑心理不仅使他们背上了精神包袱，影响正常的学习和生活，也不利于他们健全人格的形成。因此，克服自卑心理对后进生身心的健康发展有着重要的作用。

班主任要善于做后进生的转化工作，而帮助后进生克服自卑心理就是其中重要的一环。要做好这项工作，首先要充分掌握后进生的具体情况。后进生差在何处？差到何种程度？是属于哪方面的原因？对这些问题必须做到心中有数，了如指掌，然后才能对症下药，有的放矢地去热忱帮助，耐心引导。

一般说来，下面几种方法有助于克服后进生的自卑心理。

一、给后进生树立恰当的目标

恰当的、合乎实际的奋斗目标能给人以巨大动力，但如果奋斗目标太高，经过一番努力仍不能实现，则会使人产生挫折感，进而产生自卑感。有些后进生不甘心落后，有强烈的进取愿望，但是在确定奋斗目标时，往往好高骛远，不切合实际，总想在很短时间内，使自己的成绩赶上去，结果受到挫折后产生了更强烈的自卑感。教师应抓住他们要求进步的心理，帮助他们调整不正确、脱离实际的奋斗目标，树立正确的目标。要教育学生不能心急，"一口不能吃成大胖子"，要从点滴的进步做起，还要帮助后进生制定一套分阶段、分层次的目标计划，在实施中加强监督，及时调整，使他们的自卑心理在不断实现奋斗目标的进步

中，由强到弱，逐渐缓解，直到最后消除。

二、帮助后进生正确补偿自己

教师要引导后进生寻找自卑的原因，并对其加以调整和消除，鼓励后进生用一方面的优越来弥补另一方面的自卑。

方法一：以勤补拙。帮助后进生了解自己在哪些方面有缺陷，然后消除后进生的思想压力，调整心态，鼓励他以最大的决心和顽强的毅力去克服这些缺陷。

方法二：扬长避短。鼓励后进生去展示他的长处，比如参加自己喜爱的兴趣活动（美术、音乐、体育、摄影、书法等），以此激发自信心。

在此过程中，要让后进生"知足常乐"、"感觉良好"，在这种心理状态下，使其明白自己能做什么、会做什么，从而大胆去做"我能行"的事。

三、引导后进生经常进行自我鼓励、自我暗示

在平时的学习与生活中，当后进生做某事畏缩不前时，教师要引导他们用"没关系，我能行"、"我能干好"、"我感觉不错"之类的语言激励自己，磨炼意志，勇往直前。

下面提供几个能帮助后进生提高自信心的技巧：

（1）每天早晨起床后，首先对着镜子笑一笑，然后对自己说：我是最棒的！

（2）找一些自己有把握做到的事情来做，每次完成了就告诉自己：我真行！

（3）当别人批评你的时候，不管是父母、老师或是同学，你都要请他们说说批评的理由。当弄清楚被批评的理由后，就要想想自己是否真的这么糟糕，如果真的是自己的错，那么就要告诉自己：恭喜恭喜，我又可以改正错误，变得更好了；如果不是自己的错，那么就更要再接再厉了！

（4）昂首挺胸地走路，主动参加活动，主动当众表演，学会对人微笑。

四、充分发挥后进生在课堂教学活动中的参与作用

一是课堂活动的参与。后进生由于存在自卑心理，往往不能积极地参加教学活动。为此，教师要充分发挥后进生在课堂教学活动中的参与作用。课前应该专门设计几个能为后进生直接回答或者动动脑筋就能回答出来的问题。在课堂讨论中，多听听后进生的见解，当他们能够回答出来或见解有一定的正确性时，老师应投去赞许的目光，热情地给予肯定和表扬，让他们体验胜利的喜悦。如果回答不出来或者见解不正确时，仍要给予热情鼓励，长此以往，就会激起他们学习的积极性和自信心。

二是课外集体活动的参与。鼓励后进生参加集体活动，想方设法给他们表现的机会，让他们获得成功，使他们得到一种心理满足，以淡化和抑制其自卑心理。

五、单独辅导

有的后进生由于自尊心强，最怕老师在公开的场合进行辅导，特别是大声地辅导讲解。这样做的结果往往使学生表面上说"明白了"、"会了"，但实际上仍然一窍不通。所以最好的办法就是单独辅导，这样既不伤害学生的自尊心，又能帮助后进生提高成绩。

总之，帮助后进生克服自卑心理，重在正面鼓励，贵在持之以恒。切忌对后进生冷落、嘲讽、不负责任的放弃和格外严厉的惩罚。这样不仅不利于后进生克服自卑心理，还会压抑他们原有的积极性，妨碍他们身心的健康发展。教师要能够引导他们正确地评价自己，实事求是地分析自己的优缺点，培养和提高学生的自我评判能力，以利于他们不断地进行自我完善。

消除后进生的逆反心理

从心理学角度看，逆反心理就是作用于个体的同类事物超过了个体感官所能接受的阈限，使个体达到饱和而产生的一种厌恶体验。这种心理状态在后进生中出现较普遍，他们一旦产生逆反心理，学习的消极态度和厌恶情绪便油然而生，甚至与老师产生严重的对立情绪。

我们先看下面这个案例：

张老师是一位有 30 年教龄的小学语文教师。在学校里他被公认为勤奋认真的好教师，几乎每天他都是第一个到校，最后一个离开。校长对他的评价是："他努力使学生好好学习，不能容忍懒散的现象，最懒的学生在他班上也会变得勤奋。但是，奇怪得很，学生都不喜欢他，班里学生的语文成绩一般。"

作为班主任的我很想知道其中原因，于是向班上的语文课代表小瑞了解情况。"大家为什么不喜欢张老师？是否因为他要求过严？"小瑞告诉我说："张老师经常要我们罚抄。语文词语默写错时，他就要错一罚百。有一次我听写时写错了一个字，将'琴'字下边的'今'写成了'令'，张老师竟罚我抄写 1000 遍（因为我是语文课代表）。我放学回家就开始抄写，到晚上 10 点才算抄完。开学后的语文第一单元测验，因为全班学生考得都不太理想，张老师罚我们把第一单元所有生字和词语各抄 3 行（每行 10 个字），并且第二天上语文课时必须交上。还有的时候是一人做错，全班挨罚。一次听写，有几个同学共写错了 18 个字，结果全班每个人一起被罚抄了 30 遍……所以大家都不喜欢语文课，越来越讨厌张老师。""张老师对你们这么严，你们的语文成绩应该不差吧？""哪里呀，张老师一来就要我们罚抄那么多，我们烦都烦透了，哪有心思去考虑自己到底怎么会写错的，只管乱抄一气，赶着完成罚抄的任务要紧，有不少同学看看罚抄有很多或是实在完成不了，就干脆不做了。您想，这样的情形，我们的订正效果能好吗？"

在现实教学中，确实有不少教师"钟情"于对学生"错一罚百"：错一个字罚抄 100 遍；100 分的试卷少考一分就得罚抄试卷一遍；甚至，一个小学一年级的学生，做错了一道题（"1＋1＝2"），竟然被罚抄 10 000 遍！

不可否认，教师这样做的出发点是好的。可以肯定地说，没有哪一个教师是想故意跟学生过不去。这些教师，往往是学校里勤奋认真的好教师，他们信奉"严师出高徒"的古训，对学生尤其是后进生严格要求。然而，这些教师又往往有些偏执，无意中侵犯了学生的自主权，损害了学生的自尊心，使学生极为恼火，产生抵触情绪，形成逆反心理，

而一个人的精力又是有限的，过多的课业压力会在无形中加深学生对教师的逆反心理，严重地损害学生心理的健康成长，从而导致学生与教师沟通困难，甚至导致学生拒绝教师的教育。

有研究表明，诸如语文等学科上对错别字的罚抄不应超过 5 遍，否则，罚抄遍数越多效果反而越差，甚至还会产生较大的负面影响，如产生抵触情绪，形成逆反心理等，从而导致学生对教师及教师所教的学科失去兴趣甚至厌恶，教学效果难以提高，甚至反而下降。

上述案例中的张老师就是一位对学生严格有余而尊重不够的教师，对写错字的学生经常采用过度罚抄的错误方法，因而导致了学生产生逆反心理，对订正作业采取应付了事甚至干脆不做的抵触态度和行为，其结果是不但学生语文成绩没有得到提高，反而导致学生对语文学习以及语文教师产生了厌恶情绪。"好心没有得到好的回报"，对张老师来说，不也是一种痛苦吗？过度罚抄，事实上对师生双方都没有好处。

在日常生活中，我们经常会听到"现在的孩子逆反心理很强"的说法，其实，中小学生逆反心理的形成，原因很多。除了类似上述案例中张老师的简单化处理方法能够导致以外，教师的要求不符合学生的需求和愿望，教师处理学生问题不公正等，都是使学生包括后进生产生逆反心理的重要原因。

那么，当学生尤其是后进生产生了逆反心理，作为教师应如何正确处理呢？

一、要正确认识学生的逆反心理，找出实质性原因

从上述案例来看，学生的逆反心理来自教师不恰当的教学方法——过度罚抄。应该说，这样的逆反心理，具有一定的合理性，我们应予以肯定，而解决这样的逆反心理，相对来说还是比较简单的，只要消除教师不当的教学方法就可以了。

然而，许多教师会在实际工作中发现，更多的时候，教师的教育教学方法并无不当，可学生也有不少的逆反心理表现。这时，我们的教师往往更为无所适从：是强行压制，还是慢慢引导？怎样引导？这就需要教师们具有更加丰富的心理学知识和经验。

逆反心理是一种比较常见的心理状态，主要表现为对应该接受的

外部指示和道理，出现与平常条件下相反的态度。这种心理在青少年学生中普遍存在。青少年学生随着身体快速成长，开始形成自己独立的性格，对外部事物开始有了自己的判断能力，因而不愿再被动地、完全地接受权威的教导。从这方面来说，他们的逆反心理是他们开始走向成熟的表现，有其积极的意义。所以，对青少年的逆反心理不能采取简单的压制手段，而应加以正确引导。但我们也必须看到，逆反心理毕竟是一种不成熟的心理状态，青少年基于这种心理而产生的对权威的抵抗，经常是非理性的，往往也是不正确的。如果他们的逆反心理过多过强，就会影响到正常的学习生活，对他们性格的形成也会产生消极作用。所以，对青少年的逆反心理的引导必须正确而及时，解决在萌芽阶段。

二、采取针对性的方法，防止和消除学生的逆反心理

找到形成学生逆反心理的实质性原因之后，就要采取针对性的方法，帮助学生消除逆反心理。

1. 倾注爱心，融洽关系

教育是一项爱的事业，任何教育都是伴随着感情进行的。如果教师没有对学生足够的感情投入，严肃有余，温和不足，学生往往会对其敬而远之，严重的还会产生逆反心理；反之，如果教师能够做到与学生同乐、同忧、同悲，除了关心他们的日常学习情况，还对他们的日常生活给予足够的重视，学生就会不仅"亲其师"，而且"信其道"，也就是说学生会很乐意与你亲近，乐意听从教导，教育效果自然就会倍增。这正如泰戈尔所言："不是锤的打击，而是水的载歌载舞才使鹅卵石臻于完善。"因此，在日常的教育教学工作中，教师要注意多与学生沟通，而不定期地找学生单独谈心就是一个行之有效的方法。谈话内容不一定限于学习和学校生活，可以大到个人理想、人生目标，小到家庭情况、对同学的看法等等。通过谈话，可以更好地了解学生的心理状态，及时发现潜在的问题。同时，在谈话过程中，教师与学生的感情也得到加深，从而为正常的教育教学工作奠定良好的基础。

总之，作为教师，只有经常关爱每一个学生，对学生充满爱心，才能做好教育工作。尤其对常犯错误的后进生，更应从感情上亲近他们，从兴趣上引导他们，从学习上帮助他们，从生活上关心他们。只有这

样，才能化解学生对教师的隔阂，消除对抗心理，使学生乐意接受教育劝导，逐渐改正自己的错误认识和不良行为。

2. 换位思考，消除误解

学生产生逆反心理，一个重要的原因，就在于对教师的错误理解。教师的谆谆教诲，在他们听来可能就是没有实际意义的"陈词滥调"，教师的语重心长，他们体会到的可能只是"唠叨"、"啰嗦"。为了避免学生因为误解而产生逆反心理，首先需要教师能够换位思考，对学生的心理状态有比较深刻的了解。特别是在后进生犯错误时，教育的目的不是为了让学生知晓教师对其所犯错误的重视程度，而在于让他们认识到自己的错误，从而改正错误，取得进步。无论在何种情况下，教师都没有必要"小题大做"，处理问题要坚持公平公正，对事不对人，做到"一碗水端平"。

3. 对症下药，宽大为怀

由于学生逆反心理的形成原因很多，故先要进行分析，才能对症下药，因势利导。如果是因为教师处理不当造成的，教师就要勇于承认自己的错误，不断改进工作方法，以实际行动取信于学生，重新赢得他们的信任与支持。有时学生犯了错误，并不是存心的，而是出于无知、幼稚，这时我们就要给予他们理解和宽容。有时学生犯了错误很害怕，等着挨批，如果我们表示理解，等待学生自己认识错误，自己改正，最终可能收到更好的教育成效。当然，宽容学生的过失并不是姑息迁就犯错误的学生，而是要采取和风细雨的方法督促其改正。孔子说得好："过也，人皆见之；更也，人皆仰之。"宽大为怀也是做好教育工作的重要条件之一。特别是对后进学生而言，就更需要一定的宽容。

总之，消除学生尤其是后进生的逆反心理，关键是教师对学生的一片爱心。"爱的本质是给予"，我们教师的天职就是给予，师生关系主要体现在"给予"上。后进生的精神世界是十分需要给予的，学生学习要给予辅导，微小的长处要给予肯定，稍有进步要给予表扬，遇到打击要给予保护，遇到失败要给予安慰，出现反复要给予理解，交给任务要给予信任。总之，要"晓之以理，动之以情"，入情入理才能入心，入心才能转化为内驱力，才能从根本上消除后进生的逆反心理，促进其转化。

引导后进生走出青春的迷茫

青春期是人生的必经阶段，后进生也不例外。教师理应对后进生给予更多的关爱，让他们像别的学生一样，顺利地走出青春的迷茫。

我们先来看下面这个案例：

李某是一名初二的学生，成绩较差，说不清从什么时候开始总想和异性接近，对异性的一言一行都十分关注。班上有些男女同学谈恋爱对她有一种她自己也说不清楚的影响。前不久，她们班与初三某班开展了一次篮球赛，她作为班里的活动委员直接参与了此次球赛的策划、组织工作。对方班的某男生长得英俊潇洒，在比赛场上属于主力队员，那名男生在球场上的一举一动深深地吸引了她。李某不知不觉地就暗自喜欢上了那名男生。从此，她一发而不可收拾，上课时无心听讲，老是想象他在球场上的举动和情形；下课时，她总是走到那名男生的教室周围，希望那名男生能够注意到她；课外活动时，她常常到球场上看那名男生是否在打球。有一天，这名男生从教室出来看见李某并对她报以微笑。从那天起，李某便更加心神不宁，无心学习，幻想有一天他们能成为朋友，一起谈心。同时，李某渐渐地不愿与同学们在一起，唯恐大家发现她心里的秘密，学习热情开始下降。她一看书，脑子里就是那名男生的影子，学习成绩眼看越来越糟，父母问她为什么，她不敢说，老师也找她谈话，但还是没能帮她解决问题。她自己也知道初二是非常关键的，如果基础打不好，上初三就会很吃力，但是她还是不能自拔，她感到很压抑和苦闷，备受心理挫折的煎熬。

李某现正处于青年初期，它是走向独立生活的时期，是个人开始独立决定自己生活道路的时期，也是个体在生理、心理发展上接近成熟的时期。青年初期的个体在性发育方面已经成熟，并进一步意识到两性关系，身体的发育已经接近成人的水平；抽象逻辑思维高度发

展，并开始形成辩证逻辑思维；不仅关注外在客观世界，还关注自己的主观世界，希望能了解和把握自己内在的心理活动，并能独立与自觉地按一定标准评价自己的生活道路，初步形成了自己的世界观。李某正沉溺于"单相思"的情感挫折当中，这反映出处于青春期青少年的主要心理特点之一——性意识开始广泛而深刻地影响他们的同伴关系，尤其是异性之间的关系。如，他们开始注意异性，愿意与异性交往等。因为这种心态的变化是由生理和心理的急剧变化引起的，如果对他们的身心变化不予理解和正确引导，必然会给他们带来内心的挫折感。

因此，教师应该让李某明白，李某之所以产生对异性的向往心理是由于生理上的不断成熟所导致的，这属于正常现象。青少年期间的少男少女正处于钟情、思春的朦胧状态，他们对异性的关注具有明显的好奇性、实验性、模仿性和盲目性。歌德说过："少年男子哪个不善钟情？妙龄少女谁个不善怀春？"但由此过早地涉足爱河，甚至产生"单相思"这种心态则存在一定问题。因为爱情是以互爱为前提的，不了解对方就盲目喜欢是一种冲动的行为。此外，要想得到对方的喜欢，不是靠一方强烈的追求所能达到的，而应以自身的魅力、人品、气质、才华等来吸引对方，通过这些分析使李某认识到自己的"单相思"是一种脱离实际的危险想法，不能以此来折磨自己。

其次，应详细分析她目前的状况，正确引导她走出困境。

①李某出现了成绩下滑的现象。人的精力是有限的，在初中阶段学习任务较重，因为它是打基础阶段，知识是一环套一环的，只有专心学习才能取得较为理想的成绩。而李某却因为"单相思"分散了自己的注意力，不能合理专心地安排学习生活，一旦谈了恋爱，会使自己的学习成绩下降。

②李某出现了压抑、苦闷的心理状态。因为她正处于身心发育的关键时期，许多方面都还未成熟。如果过早地把精力放到恋爱上，不仅会影响学习，妨碍智力的发展，而且也会因舆论的谴责和秘密交往的压力造成性格上的缺陷。

③李某渐渐地不愿与同学在一起。这使得她的社交圈缩小，阻碍了

其社交能力的发展。一旦早恋，必然会有意无意地避开与其他同学的交往，沉溺于两人的小天地中，这就会失去许多社交机会而导致日后与他人交往的困难。

④进一步向她指出早恋蕴含着失身或失足的危险。由于中学生情感好冲动，自制能力较差，缺乏对道德伦理的判断能力。因此，中学生谈恋爱很容易发生意想不到的出轨行为。对这种潜在的危险，中学生要有充分的重视，特别是那些具有早恋倾向的女学生，对此更应十分警惕，不要因一时的糊涂影响了自己的前途，造成终身悔恨。

当然，还应该采取具体的措施和方法帮助她走出困境。

采取具体的措施和方法帮助她走出困境：

①合理的宣泄。李某意识到了自己的问题，教师应鼓励她敢于向老师或家长倾诉内心痛苦。此外，还可以把自己的苦恼诉之于日记或向自己的好朋友倾诉，总之，通过一些合理的宣泄手段可以达到调整机体平衡的目的。

②可以采取自我安慰法。对李某来说，她可以认定这名男生只有潇洒的外表，但学习不努力，学习成绩不好。就算他的成绩不错，也还可以找到一些与自己不能认同的内在品质，如自私、待人不真诚等。总之，要想方设法找到对方的缺点，以达到自我安慰的目的。这也就是心理学上讲的"酸葡萄"心理。此外，还可以设想如果自己不和这名男生交往，自己的精力就会完全集中到学习上，学习成绩就会提高，就不再是后进生。

③采用转移的方法。建议李某把注意力从"单相思"转移到自己感兴趣的活动和集体活动中，通过丰富的生活来填补内心的空虚与无聊。

④升华的方法。这是遇到挫折时常用的也是最高层次的办法。教育李某应该把一时的情绪失落所造成的心理不平衡，变为发奋读书、努力为班级工作的动力。从而变失为得，使自己早日成熟起来，用高尚的理想和情操来主宰自己的生活和学习。

从此案例中我们还可以认识到，解决中学生包括后进生早恋问题应该注意以下几点：

（1）引导学生正确认识和对待青春期的各种性生理和性心理反应，克服焦虑、恐惧、烦躁不安、自责、自卑的心理障碍。

（2）鼓励并引导男女生之间的正常交往，做到互相尊重，互相爱护，互相帮助，取长补短。特别要注意引导女生在与男生交往中做到自尊、自爱，把握好分寸；教育男生在与女生的交往中应该学会尊重、爱护女生，并着重向学生指出早恋的危害性：

①影响学习和智力发展。有早恋行为的学生会因为卿卿我我、情意绵绵而影响学习，书看不下去，课听不进去，作业做不下去。造成学习成绩大幅度下降，甚至耽误一生的学业。

②影响身体发育。初中生虽然逐步成熟，但毕竟还未完全成熟，正处于长身体的时期。早恋会使身体的正常发育受到不良影响，还会因为秘密交往产生的舆论压力形成心理障碍。

③失足、失身危险。由于中学生心理尚未成熟，容易冲动，抑制力较差，很容易出现"越轨"行为。一旦出现"越轨"行为，将会给女生带来严重的精神创伤，而且，由于思想、道德、经济、事业等方面都不成熟，初中生的恋爱绝大多数是失败的，是很难发展为婚姻的。

总之，不管是后进生还是优等生，情感受挫是他们经常遇到的问题，而较多的又是有早恋倾向和早恋的问题。实践证明，对待这类问题用斥责粗暴禁止，简单化处理，不仅达不到预期的效果和目的，反而还会使事情走向反面。苏霍姆林斯基就曾经说过，教育要善于掌握分寸，要有敏锐、体贴入微的态度，以便让爱情作为一种能使人高尚的珍贵情态，进入正在成长的年青一代的精神生活中去。这对早恋问题中的疏导和教育是十分值得我们思考的。

辅导好精神空虚的后进生

小贝是一名小学五年级学生，因为成绩差，他总觉得学习是没有意思的事情。当其他同学用心复习的时候，他就跑到游戏厅去打游戏；当

别人忙着做作业时，他又走到教室外面去"吹风"。他的生活没有目标，只追求吃、穿、用，平时爱攀比、摆阔气，搞江湖义气，思想上鲜有寄托，百般无聊，做一天和尚撞一天钟。

与一般的学生相比，这名后进生在精神上似乎有空虚的嫌疑，假如学生没有精神支柱的支撑，就可能会浪费宝贵的时光，荒废学业。为了帮助学生尤其是后进生重拾希望，教师可以这样辅导：

1. 帮助学生确立正确的人生观和价值观

（1）读书会。总感觉空虚的学生往往不会自觉地去阅读书籍。针对这种情况，教师可以发起一个读书会，让喜欢读书的同学去寻找一些有关名人或者伟人童年的文章和故事，集中起来，以故事会或者主题中队会的形式进行交流，为这些同学创设一个氛围，在听的过程中去触动他们的心灵。想想这些名人小的时候，他们做了些什么，而相比之下，自己又做了什么。

（2）寻找模范人物。教师可以通过种种方式，鼓励学生寻找身边的模范人物。比如以前参加过战争的老人、曾经扑灭大火的消防队员、各级劳动模范、学习与工作积极分子等等，请他们到班级里来演讲，或者有目的地带学生到他们的身边，听听他们在工作时的感想。学生一般对模范人物都是非常敬佩的，教师要充分利用好他们的崇敬之情、模仿之意，使他们对前途和理想有一个正确的认识，从而树立起崇高的人生观和价值观。

2. 帮助学生制订训练计划

为了让学生有奋斗目标，教师要针对学生的特点，帮助其确定短期和长期的训练计划。教师可以从最简单的"日计划"开始，比如今天要在放学以前完成老师布置的各项作业，接着是"周计划"，在本周内帮助妈妈完成两次家务，再是"月计划"，每月早上跑步的时间要超过20天，最后是学期计划、学年计划甚至今后几年的总体规划。在订计划的时候，教师要注重计划的可操作性和实效性。要求不要过高，以免学生因为达不到预期目标而变得灰心丧气。可以遵循"摘苹果"原理，让学生跳一跳，便能尝到甜头，使他有继续完成计划的信心和动力。另

外，计划中的内容不要只是单一的学习，以免学生因为枯燥而无法坚持。可以根据学生平时的爱好，穿插一些"花絮"，让训练内容更具吸引力。

3. 培养学生的学习兴趣

感到空虚的学生，很大一部分对学习持可有可无的态度。正是在这种错误思想的驱使下，他们宁可花时间去游戏厅，而不愿意把时间用在学习上。为此，教师应该努力培养他们对学习的兴趣。

（1）同伴相互促进。几乎每个学生在自己班级里都有一个比较要好的朋友或者比较欣赏的同学。教师可以利用这种关系，让他们两个或者几个组成一个学习互助小组。但是，一定要对他们有所要求，通过他们之间的合作和相互约束来逐步改正不好的习惯。

（2）及时肯定成绩。即使是完成作业这样的小事，教师也可以大张旗鼓地对学生进行表扬，并对他们提出下阶段的希望，让他们以教师的表扬来约束自己，从而以一件小事为基础，慢慢适应完成教师布置的大小事情。

（3）丰富学习形式。学生对学习不感兴趣，教师也要找自身原因，要尽量丰富自己的教学形式。如把作文课上成课外活动课，在活动的过程中，让学生亲自体验活动的乐趣，感受活动的过程。中午，可以来一场"谁的作业又好又快"比赛，同一个小组可以比，组与组之间可以比。通过各种形式的比赛以及对比赛结果的奖励，来督促学生及时有效地完成作业。另外，也可以把课堂设置成赛场，这样有利于学生学习积极性的提高。

4. 培养学生的爱好

虽然爱好只是学生生活的一部分，但不可小瞧它，它往往能成就人的大事。教师要善于发现学生对哪方面有兴趣，积极引导并给其提供方便。

（1）喜欢音乐的，可以推荐他们参加音乐兴趣小组，并且在一个阶段以后，提供展示的机会，以增强其信心。

（2）爱好书法的，可以建议他们每周或每月上交一份作业，教师给予点评。也可以在班级里举行一个"小小书法家"的展示活动，让

参加活动的学生的积极性得以大大提高。

（3）喜欢跑跑跳跳的，可以建议他们在早上晨跑或者在周末参加篮球队，还可以在年级里开展趣味运动会。

（4）喜欢漫画书的，教师在引导他们看一些健康书籍的基础上，还可以举办"书友会"，让大家推荐自己认可的好书，与同学共同分享。

5. 吸引学生当老师的小助理

学生产生空虚的心理后，往往会觉得没有事情可做，教师要创造机会让他们做事，并且鼓励他们要自觉找事做。可以让他们争当教师的小助理，如每节课前后帮老师发发本子，收收作业，督促作业做得慢的同学快点做等等，平时有什么小事情，让他们帮着处理、解决。这样，不但可以帮助他们排除空虚心理，而且能使学生在发现问题、解决问题的过程中增长见识、锻炼能力。

第三章

善用工作技巧来解决后进生问题

"以静制动"，"视而不见"

我们先看下面这个案例：

"年组里最调皮的几个学生都在这个班"，"这个班的学生家长也非常难相处"……接任这个班前，不少这样的信息就已传入我耳朵里。怎么办？我还没做好充分的思想准备，人称"调皮王"的孙雷就第一个亮相在我的面前——他打架了。

我知道，对于一个有着打架、吸烟等不良习惯且学习无心、捣蛋无度的孙雷来说，说教简直是苍白无力的。

思考了很久，我决定以"视而不见"，"以静制动"和他过招。

没想到此招果然灵验。对于我的视而不见、不闻不问，孙雷反倒有些坐立不安了。接下来的几天，他总是有事无事向我靠近，找一些理由接近我。我虽暗自高兴，但依旧保持静观。此时，我有一种感觉，那就是他的内心是渴望沟通、期望被关注的。

孙雷终于行动了。他在走廊拦住我说："老师，我想问你一个问题，行吗？"

"噢，什么问题，你说吧。"我热情地回应到。

"你明明知道我打架犯错误了，可为什么不批评我呢？"

"哈，原来是这事啊。像你们这么大，正是处在人生中易出问题、易犯错误的'季节'，如果这个季节没有一点违规的痕迹，没有一点犯错误的历史，从某种角度看，倒是你们这个年龄段的'遗憾'了。你犯了错误，这没什么，我知道你自己会解决好的，我坚信这一点。"

看着我平静而亲和的表情，听着我理解又宽容的回答，他愣了，只是呆呆地站在那儿，不说也不动。我明白，管理孙雷初见成效。

这件事之后，对于孙雷我进行了多方了解和调查。他父母感情不和，对孩子的教育也不一致，但又都很宠孩子，由此造成了孙雷学习成绩下降和一些不良行为习惯的逐渐养成，而孙雷原本是善良、开朗、热情和充满活力的。

我决定主动接近孙雷，不把目光消极地局限在解决他所出现的问题或所犯下的错误上，而是把目光积极地定位在学生本身的发展和进步

上，让他出现的问题或犯下的错误成为我的教育资源，让这个资源发挥更大的作用。

教育过程是教育者与被教育者"心理需要"相互映照的过程，是师生"心理交流"的过程。心心相印，情感交融的教育，才会引起学生情感上的共鸣。于是找孙雷"闲聊"便成了我的常事，谈家常，谈志向，谈爱好，谈自己开心的事儿。给他讲我当年的风风雨雨，讲我上初中时骑的自行车，除了车铃铛不响以外哪儿都响的事；给他讲我的历史，我的辉煌，我的荣耀，我的努力；也给他讲我的不如意，以及我的淘气曾经给老师带来的不快（现在还在后悔）；讲我小时候上树捉麻雀、上山放羊时的故事……他时而沉思，时而开怀大笑。就在这沉思和笑声中，我们的情感距离逐渐拉近，孙雷解除了对我的戒备，开始坦露真诚。

大家都知道，活动育人是教育途径的最佳选择。我把班级干部聚在一起商议，决定开发一个"活动周"项目，并且请孙雷同学作总策划人之一（特殊安排，班干部一致同意），利用早晨 6：30～7：00 和体育活动时间，开展小组间 50 米的接力跑、体育竞技、配乐诗朗诵、辩论赛、成语猜谜等系列活动。通过活动，让学生得到方方面面的锻炼，让他们体会到团结合作的力量，关心他人与关心集体的感受，从而增强我班的凝聚力。听到活动的消息，学生们个个热情高涨，摩拳擦掌。在活动中，孙雷同学表现得格外卖力与兴奋，事事想在前头，对同学热情服务、格外友好，令大家对他刮目相看。"没想到孙雷同学会有这么高的热情"，"孙雷这么通情达理、团结合作"……同学们纷纷议论着。活动举办得相当成功，更令人惊喜的是在这一周里，我们班同时获得了纪律与卫生两面流动红旗！

就这样，孙雷逐渐变化了，变得知情达理，求知好学，最终，他赢得了同学们的接纳、喜爱和称赞。

对后进生进行教育，应该从学生的实际出发，遵循教育规律。但是，在某些不同的环境下，针对不同的学生，偶尔采用一些"另类"的教育策略，有时也能收到意想不到的效果。本案例中的班主任老师面对孙雷这样一个有着不良习惯、调皮成性的后进生则采用了"视而不见"，"以静制动"的教育策略，另辟蹊径，获得了意外的效果。

　　"以静制动"，"视而不见"是一种教育艺术，也是一种策略，它给犯错误的学生留了"面子"，说是以静制动、视而不见，其实是"心照不宣"。"以静制动"，"视而不见"是一种宽容的智慧，教师以博大的胸怀接纳学生，使学生在犯错误后不必惶恐，而是用心认识错误，检点自己的行为，学生会在检点中对问题进行深思，品行也将在无声中提升。

　　就学生身心发展特点来看，中小学生偶尔或经常出问题、犯错误，是很自然的事。人之所以成熟起来、聪明起来、智慧起来，就是因为经常与这样或那样的问题和错误同行，就是因为有这样或那样的问题和错误在"磨砺"自己。因此，管理学生、处理问题的策略不应当"以事为本"，而要"以人为本"。本案例中的班主任老师就是不以所发生的事件来审视学生，而是以学生为本，以学生的需要为本，关注他，宽容他，理解他，尊重他，接纳他，使学生在爱的沐浴下，变化、进步、成长、发展。

　　教育的本质是解放学生的天性，而不是制约天性，因此，教师和班主任工作的重点是解放学生、发展学生，给学生营造一个安全的班级氛围，而不是以冷冰冰的硬性说教管住学生。班主任应积极开展活动，让活动成为学生熟悉的、喜欢的、真正属于他们自己的活动，使他们在活动中展示自我，在活动中亲历体验、交流对话、认同接受、共同生活、共同成长。本案例中的班主任老师和同学一起精心设计、策划"活动周"项目，使学生在活动中个性得到了极大的释放，品行受到了正向的引领，同学间的了解逐渐加深、信任逐渐加强，班集体的凝聚力逐渐提高。

　　拥有一颗开放博爱的心，发挥"有教无类"的精神，无条件地接纳后进学生，给他们勇气、信心和机会，引导他们的身心健康发展，应是教师和班主任不懈的追求。

适时"增担加压"

　　转化后进生是教师特别是班主任工作中常做常新的课题。"八仙过海，各显神通"，班主任们在工作中发掘了许多的转化方法和技巧。"增担加压"就是其中之一。

由于形形色色的原因，不少是外部条件引起的，一些学生或者沾染上一些毛病，或者学习成绩暂时居于中下游，于是他们便被扣上后进生的帽子。从此他们看到的笑脸少了，听到的表扬少了，而奖励更与之无缘。在学校，同学们瞧不起，有的老师冷眼相看、冷言相对；回到家，家长因为自己的孩子是后进生在外面脸面无光，于是也没有什么好脸色。这是多么大的压力呀！他们的肩上如负千斤万斤，要前进多么艰难啊！后进生也不甘心永居中下游，他们也希望前进的路上阳光灿烂，也希望成为班集体的骄傲、家长的骄傲。我认为，后进生正是因为面临着重重压力，以至于难以解脱，正由于难以摆脱后进的尴尬境地，于是产生了自卑自弃的心理，然而他们内心的自卑自弃却往往以表面的自负自傲曲折地反映出来，尤其是其中的部分男同学更是目空一切，老子天下第一，老虎屁股摸不得。其实这是一种变态心理，值得同情，应该帮助。实施增担加压的依据就源于此。

我们先来看一位班主任是如何实施增担加压的：

对班内的后进生，我总是先作透彻的调查、深入的研究，挖掘出他们的一技之长，哪怕这"长"仅仅刚刚发芽；然后再有意给他们增担子加压力。本来组内有更合适的人选，却因为后进生甲热心公务，就让他担起组长的担子。某次全班外出参观，班长请假，本来班内有更合适的人选，却因为后进生乙是小团伙的头儿有人缘，就临时给他加上总指挥的重担。初中时因参加社会流氓团伙而受过处分的后进生丙到我班后，经一个学期的教育确有进步表现，我大胆地委派他当上体育委员。他后来入了团，由此迈开了万里长征的第一步。初中时受过纪律处分的后进生丁，我满腔热情地帮他。有一次，轮到我班进行国旗下的演讲。过去各班国旗下的演讲者不是班长，就是团支书。要不就是三好生，我却让丁代表全班前去演讲。演讲稿，我一字一句地修改；演讲辞，我一句一句地辅导。丁站在国旗下，万分激动，因为这是他第一次成为班级的代表，肩上的担子千斤重。他果然没有辜负老师与同学的期望，出色地完成了任务，为集体争了光。从此以后，他时时处处想着集体的荣誉，旧貌换新颜。我就是这样，采用增担加压的方法，转变了一个又一个后进生。

从这个案例中，我们可以看出实施增担加压有四大特点：

第一，它可以表示出信任的态度。这对后进生而言往往是空前的，而由信任便会让学生产生自责感；第二，后进生在接受重任、完成任务、尝到成功的喜悦之后，一定会增强自信心；第三，增担加压后，后进生自然会转移注意力，不再干"后进"之事，而能自觉地提高自身素质；第四，有利于发挥后进生的一技之长。后进生并不是一无是处，他们种种特长往往被学习成绩落后而遮掩了。增担加压法就是要挖掘出他们被遮掩的一技之长。

实施增担加压法还必须注意：（1）做一般的转化工作已初见成效，后进生确实产生了上进心是实施增担加压法的前提；不具备这个条件，就不可实施增担加压法；（2）增担加压后，要做好辅导工作，创造条件让其出色地完成任务，决不能让他们再经受失败的折磨；（3）要允许后进生反复。增担加压很难一蹴而就、一举成功。后进生承担重任后又做出"后进事"，老师也不要轻易收回担子、减少压力；相反，要想办法变坏事为好事，充分利用他的自责心，进一步做好转化工作。要坚信成功有时是在再坚持一下之后。

"激将"，有时也能"点石成金"

有这样一个故事：

英国著名神经生理学家、诺贝尔奖获得者谢灵顿，早年是一个横行乡里、染尽恶习的浪荡子。有一次，他心血来潮向一位女士求婚，但受到女士断然拒绝："我宁愿跳到泰晤士河里淹死，也不嫁给你。"一句话羞得谢灵顿无地自容。从此，他弃恶从善，发奋读书，终成大器。正因为这位女士出言尖锐，在客观上对谢灵顿的自尊心起到了"点燃"、"引爆"的作用。从一定意义上说，该女士在无意间用激烈的言词创造了一个科学家。

可见，"劝将不如激将"，有时，刺激性语言也能收到"点石成金"的奇效。

那么，教师在转化后进生的工作中，怎样合理运用激将法呢？

一、激将法的心理学依据

所谓激将法，是指运用反语激励别人，使他决心去做什么的一种语言表达方式。从心理学来讲，每个人都有自尊心、荣誉心，但有时由于某种原因，人的自尊心受到了自我压抑，会出现自卑、气馁的状态。此时，正面开导与说服不能使之振奋，而有意识地运用反语刺激，将他一军，反倒可以使其自尊心从自我压抑中解脱出来，改变原有的状态，从而达到新的心理平衡。

二、激将法在转化后进生工作中的运用

自尊心人皆有之，强烈的自尊心是一种可贵的精神能源。"水激石则鸣，人激志则宏"。恰当地运用激将法，在转化后进生的教育工作中能收到积极的成效。

1. 活用明激法

明激法是指：针对后进生的现实表现，采用直截了当地给予贬低、否定的语言刺激，使之被刺痛、激怒而"跳起来"，以达到改变其现状的目的。班主任对后进生采用明激法，语词尖锐，刺激性强，对他们的自尊心具有很大的激发作用，往往能使其在不服气、不认输的心理作用下，用实际行动否认班主任的意见，从而成功地实现转化。如后进生林平，生活懒散，学习无动力、无目标。他在校运会上获得100米、200米两项冠军后，我刺激他道："林平，很多同学都说你是短跑健将，但我认为你在学习和生活上是个窝囊废！""我是窝囊废？"林平一气之下发奋读书，一改往日的习气，最终成了一名品学兼优的学生。

2. 巧用暗激法

所谓暗激法是指：有意识地褒扬第三者，暗中贬低后进生，以激发其压倒、超过第三者的决心。运用暗激法的巧妙之处在于通过"言外之意"、"旁敲侧击"，委婉地传递刺激信息。事实上，后进生都希望老师尊重他们，但班主任在其面前有意夸奖第三者，显然会对他们产生一种暗示性刺激，使他们产生要与第三者试比高低的心理。如后进生姚俊，家庭富有，个性刚强，爱好广泛，但不思进取，爱结交社会上的坏朋友。经过仔细了解，我决定对他的转化采用暗激法。有一天，他作为

校足球队的队长，带领球队以大比分战胜来访的一支强队，兴奋不已。趁着其高兴之机，我把他请到家里，对他说："姚俊，我为你们今天的胜利助助兴，给你讲一个女孩的故事。她是泰国一位大富翁的女儿，但这位金枝玉叶没有靠在父亲身上享清福，而是被送到美国上中学，最后上了大学。读书期间，父亲只给她一点基本的学习、生活费用，其他开支只能靠她自己打工赚取。她到国外吃苦头遭磨难，为的是磨砺意志、陶冶情操、丰富阅历，获得天下最大的'财富'。不过；从另一个角度来说，我认为这位女孩放着荣华富贵不享却去自找苦吃，真是一位目光短浅之人。"姚俊听到这里，抬头对我说："吴老师，你不用说了，我知道该怎么做了！"从此，他的学习、生活发生了根本性转变，暗激法在此产生了奇效。

3. 妙用自激法

所谓自激法是指：褒扬后进生光荣的过去，从而激起其改变现状的决心。对于消沉的后进生，班主任褒扬其过去闪光的一页，无疑是对其现状的批评。妙用自激法，可以引起他们的反思，唤醒其尚未泯灭的荣誉感，使其重新振奋起来。如后进生王霞，由于受到沉重的家庭打击，自进入高中以来，心思不在学习上，旷课迟到是家常便饭，与社会上的异性也交往过密。在对她的情况进行深入细致的了解后，我决定采用自激法。有一天，她哼着流行歌曲来到教室门口，我把她叫到办公室坐定后，对她说："王霞，据我所知，小学一至三年级时，你一直担任学习委员，四年级时担任班长，五年级时任学校少先队大队长，在上小学期间，你共获得 8 次校级三好学生称号，一次市级三好学生称号，在初中一年级时，你担任班长并获得三好学生称号，在初中二年级时，曾获得全市中学生卡拉 OK 大奖赛二等奖和市级三好学生称号，在初三毕业时，你的中考总分名列全市第八。那时的王霞真不错！"我对王霞过去的了解及表扬，令她非常吃惊。她含着泪对我说："吴老师，对不起，我走了。"第二天，她递给我一封信，详尽地谈了自己的感想和今后的打算。她在信中说："吴老师，听了您昨天对我的表扬，经过深刻的反思，我决心弃恶从善，找回原来的我，用知识改变命运。请给我一点时间，好吗？"自激法在此产生了奇效。

三、运用激将法要注意的问题

在转化后进生的工作中，不管我们运用哪一种激将法，都必须以刺激对方的自尊心为要诀。只有这样才能达到预期的效果和目的。为此，必须注意以下几点：

（1）要看对象。

班主任必须熟悉后进生的有关情况，明确地断定他是个可以接受激将法的人，即在思想性格上具有被激的主观因素——强烈的自尊心。

（2）要看时机。

对后进生使用激将法，一定要注意恰到好处。出言过早，时机不成熟，反语易使人泄气；出言过晚，良机错过，又成了事后诸葛亮。

（3）要注意分寸。

激将法使用的出发点要正确，应体现出对后进生的尊重、信任和爱护。同时，如果班主任的语言不疼不痒，则达不到预期的效果；如果过于尖刻，则会使人反感。因此，运用激将法要注意语言的分寸和感情色彩，要把褒贬、抑扬有机地结合起来，这样才能产生积极的效果。

（4）要引导与激励并举。

使用激将法，不能对后进生简单地给以否定或贬低，要"贬中有导"，即用明确的诱导性语言把后进生的激情引导到你所希望的方向上来，否则，只能适得其反。

注重暗示效应

我们先来看一则教育案例：

张铭是一个网瘾较重、时常缺课的后进生，家长把状告到了新上任不久的班主任程老师那儿。这天，班主任经过了解，发现他又去网吧了，于是程老师就跑到网吧找他。当张铭发现班主任在他背后严肃地看他时，便一言不发，放下鼠标，背起书包，低头回到了学校。一路上，两人都没说一句话。到学校后，程老师微笑地向他点了点头，用手朝教室一指，张铭便走向教室。

以后的三天里，程老师也没提起这事，下课也没找他。结果发现他

整天心事重重，终于在第三天下午走进了程老师的办公室。"老师，你怎么不批评我？准备怎样惩罚我？"程老师说："你现在不迟到，不旷课，又没有什么错误，干嘛要批评你？又为什么惩罚你？"他如释重负地笑了。后来，程老师还说服他的家长给他买了一台电脑。

张铭现在已经是某名牌大学二年级的学生了，可是他对这件事总是不能忘怀。一次，他在发给程老师的一封电子邮件中说："程老师，非常感谢您！如果您当时和原来的班主任一样跟家长联系并训斥我一顿，我现在可能还是个网虫。其实，您越是不吭声，我自己当时想的就越多，真可谓此时无声胜有声啊！特别是老师您的那一丝微笑和点头，刹那间使我明白了许多许多！"

上述案例生动地说明了"暗示效应"在转化后进生中的教育作用。

在教育工作实践中，并不是所有的工作都是有声进行的，有时无声的暗示会产生意想不到的效果。

心理学研究表明，在无对抗的条件下，用含蓄、抽象诱导的间接方法对人们的心理和行为产生影响，从而使人们按照一定的方式去行动或接受一定的意见，使其思想、行为与暗示者期望的相结合，这种现象叫"暗示效应"。

程老师的无声胜有声在于："手朝教室一指"，告知了张铭"方向"；他的"微笑"和"点头"，既是对张铭此时行为的肯定，更是对他今后行为的积极暗示。暗示也是一种有效的教育手段。

它在什么样的条件下才能起作用呢？一句话：在无对抗的条件下才能起作用。在教育中，教师可以应用一个"抽象诱导"的暗示策略使学生产生暗示效应。如某个后进生犯了大错误，却仍然不知其错，班主任不要马上严厉批评，因为在这种情况下，即使发火，也只会招来反抗，无法使他痛彻反省。我们可以向程老师学习，也不妨把学生叫到办公室来，问一声（运用抽象诱导语）："你的情绪最近显得很低落，做事缺乏干劲，是不是身体不舒服？"或"你最近对自己的要求是不是放松了，到底发生了什么？"用类似的抽象诱导语进行暗示，让他自己承认错误并找到错误的原因。暗示，除了诱导语之外，还可以使用手势、眼神、停顿等等。

那么，暗示在什么情境中和什么情形下作用最大呢？心理学研究表

明：暗示的作用主要取决于年龄。一般而言，儿童比成人更容易接受暗示，年龄越小越容易接受暗示；暗示作用还取决于一个人的身心状况，在一定程度上疲劳的人、体质较差的人比身体健康的人更容易产生暗示效应，被暗示者的知识、地位、权力、信心等都是影响暗示作用的重要因素。值得教师注意的是，教师自身的权威对暗示作用的实现很重要，而且，教师的权威还会使被暗示的学生产生信任效应。

暗示作为一种有效的教育手段，应用于教师特别是班主任的班级管理中的作用在于，它以无批评的形式使学生接受批评，对学生不产生心理压力，不强求学生接受，但能产生积极的、主动的影响，起到潜移默化的作用。

暗示教育手段主要有以下五种。

一、环境暗示

好的环境能使学生身心舒坦，并产生良好的心理效应；差的环境则对学生产生不良的影响。因此，教师和班主任可根据实际情况创设以下三种环境。

1. 制定班训

班主任可以结合本班学生情况，通过民主讨论的方式与学生一起制定出切实可行的、简明扼要的班训置于黑板上方。如："自律　自主　自强　自立"、"静　勤　敬"、"为中华之崛起而学习"、"知识能改变命运　勤奋能创造奇迹"等等。这样既美化了教室环境，又能够使学生时刻接受教育，对他们的行为有一定的约束力。事实上，这种与学生共同制定的班训对学生的学习既有督导作用，也有激励作用。

2. 悬挂名人画像或名言

在教室内悬挂名人画像或名人名言，如：牛顿、富兰克林、邓稼先、鲁迅等名人画像以及"为中华之崛起而读书"等名言。这些在各个领域做出重大贡献的伟人或他们的名言，都是学生崇拜的偶像或座右铭，他们能使学生在心中树立正确的学习目的，产生良好的学习动机以及克服缺点的勇气和战胜困难的力量。

3. 配置一些约束规范或奋斗目标

在班内配置"学生守则"、"学生日常行为规范"、"班级公约"、"三好学生条件"、"学雷锋标兵条件"和"文明班级条件"等。班主

任可以根据班级具体情况有选择地进行再配置，如在班集体形成的初期，可以配置"学生守则"、"学生日常行为规范"或"班级公约"；在班集体初步形成后，可以配置"三好学生条件"、"学雷锋标兵条件"或"文明班级条件"。班主任还可以积极利用教室内黑板报、墙报等，提出班级近期奋斗目标，树立学生身边的榜样，展示学生的学习成果，鼓励学生的创新意识和作品等，给学生创设一个积极向上的、进取奋斗的暗示环境。

二、语言暗示

教师对不同性格、不同气质、不同表现的学生要用恰当的方式、合适的语言进行意在言外的暗示以传递信息、交流感情，这样就更容易使学生接受，更容易沟通师生之间的感情。教师可经常运用的暗示语言有："你（你们）总是好样的！"、"办法总是要比问题或困难多得多"、"换种方式或方法，事情会做得更好！"等。语言暗示需要教师良好的教育机智，例如：学校举行田径运动会，班主任发现班上参加运动会的几个学生顾虑重重，思想压力大，要如何解决他们的思想压力问题，他想了很多。如果直言相劝："你们大胆地参加吧，一定能赛出好成绩。"可能得不到应有的效果，反而更加加重了参赛学生的思想负担。后来，在这几个学生正在谈论赛事时，这位班主任凑过去非常神秘地说："告诉你们一个好消息，昨晚我做了个梦，梦见你们在赛场上大胆轻松，充分发挥了自己的水平。"几个学生一听都笑了。田径运动会结束后，该班参赛的运动员都说："班主任的话还真管用呢！我们在赛场上都得到了充分发挥，赛出了好成绩。"

三、行为暗示

行为暗示在恰当的环境和情境下，能给学生以语言暗示所不能表达的效果，教师可经常运用的积极行为暗示有：微笑加上轻轻拍肩、点头、竖起大拇指等。教师自身的行为也是对学生进行行为暗示的有效手段，如自己弯腰捡起纸屑，而不是板着脸孔命令丢纸屑的学生，这无声的语言可以教育全班学生，今后会主动动手把地上的纸屑捡起。这样反复几次，学生无形中就能养成讲究卫生、爱护班级荣誉的良好习惯。

四、心理暗示

对学生心理状态和心理环境的积极暗示，是教育工作和后进生转化工作取得成效和成功的有力手段。心境是一种微妙而持久的情绪状态，它往往使我们的心理在较长一段时间内都打上某种感情的色彩。每一种心理状态就好比是起跑前的"各就各位"，使机体做好准备，正常运行，应对生活、学习中的一切挑战。心理学研究表明，并不是任何来自客观现实的外部刺激都可以回避或淡化的。但是，任何事物都有积极和消极的方面。同一客观现实或情境，如果从某一个角度来看，可能引起消极的情绪体验，使人陷入心理困境；如果从另一个角度来看，就可以发现它的积极意义，从而使消极情绪体验转化为积极情绪体验，走出心理困境。因此，良好的心境既是学生接受积极心理暗示的前提，也是促使学生维护心理健康、克服困难、积极主动学习、进行品德自我修炼的有效手段。引导学生特别是后进生努力"做一个受欢迎的人"，让学生经常体会到"我（我们）能行"，学会"光明思维"等，都是保持良好心境、进而培养积极心态的好方法。

教师和班主任运用暗示这一教育手段时，要注意：

1. 积极的暗示可帮助被暗示者稳定情绪、树立自信心及拥有战胜困难和挫折的勇气；消极的暗示却能对被暗示者造成不良的影响。因此，应该注意有意识地给以学生特别是后进生积极的心理暗示，而避免消极的心理暗示。

2. 暗示的实施者——教师和班主任，应具有较高的威信，要具有令学生信服的人格力量。

3. 暗示愈含蓄，效果愈好。

4. 暗示应具有艺术性。具有积极的态度、良好的动机和美好的期待。

巧抓教机，立足于拉

所谓教机，是对于一定的教育对象客观存在的一种可以获得理想教育效果的一段时间或一种机遇。在学校中，教师常常会碰到各种不同类型的学生，平时他们的心理状态都处于相对平衡，一旦这种心理平衡被打破时，他们对周围的信息（如教育、批评、表扬、接触等）反应特

别敏感，这时候就是对他们进行教育的最佳时机，如果教师抓住这个教机，就会得到事半功倍的良好效果。

我们先看一个案例：

我班曾经发生了一件使我终身难忘的事。那是期中考试后的一个下午，本班学生洪国芳因纪律松散、经常打架、学习不用功，导致期中考试成绩低下，又怕父母打骂，就不辞而别、离家出走了。尽管各方到处寻找，但四个星期过去了，还是杳无音讯。这时校内外议论开了，有的说像这样的学生回来后不要让他再上学了，有的说让他自然流失去外面打工算了。听到这些议论我也有同感，心想还是"顺水推舟"吧，少这样一个学生也可以减轻不少负担，再说他家长对他也不寄予任何希望了。

一个多月后的一天晚上，想不到他竟然回来了，我急忙放下饭碗赶到他家，看到他父母正忙着给他换衣、理发，并追问他出走的详细情况。他一声不吭，看到我进来，抬起头来朝我傻乎乎地笑了一笑，叫了一声"陈老师"，就再也不开口了。我看到这种情景，怜悯与自责之情油然而生，深感转化后进生责任之重。于是我劝他父母在家先稳定他的情绪，使他安下心来，再考虑下一阶段怎么办。

第二天在我和家长的耐心劝说下，他才讲出了这次出走的详细情况。原来在这期间，他先后到过杭州、长沙直至广州，在那些日子里，他流落街头，睡过公园，当过乞丐，爬过火车，做过推车工……过着流浪的生活。了解这种情况后，我思想斗争又激烈起来，他本来就很散漫，如今"闯过江湖"，胆子更大了，怎么转化他呢？是一推了事，还是拉他一把呢？我反复思考了好几个晚上，最后冷静地想，尽管洪国芳平时表现不好，再加上这次出走给学校造成了不良影响，给班级带来了不少麻烦，但他毕竟是一个少年，思想单纯，行动幼稚。如果我们简单、草率地结束了他的学校生活，会造成他一生的不幸。我作为一名老师应该有责任拉他一把。目前他的内心世界比一般的学生更为复杂，他需要教师更多的理解，更多的爱，对于尝过苦果的学生，这种理解和爱是任何东西都不能代替的。因此我就抓住这个转化的有利时机，一方面与家长商讨如何安定他的情绪；另一方面要他本人考虑好今后的打算，过几天再来上学。

他重新来校上学可能会出现两个问题：一是同学会歧视他。二是学习上有困难。我教育全班学生伸出热情的手欢迎他，帮助他，为此还召开了两次班干部会对此事展开讨论，大家认为，我们班干部有责任帮助和挽救一个正处在十字路口的同学，我们要使他感受到班级大家庭的温暖。此后，我为他建立了家庭联系册，并经常进行家访，以便及时了解他在家里的表现。我每周与他谈心二至三次，了解他的思想，从而增进了师生的感情，使他能够向着进步的方向发展。由于他原来外语基础差，再加上这次出走时间长，要跟上班级学习进度真是难上加难，但是我还是鼓励他，经常过问他学习上的困难，利用休息时间给他补课。就这样，我不但在思想上帮助他，而且在学习上、生活上关心他，在班级里表扬他的点滴成绩和进步，让他参加兴趣小组。在班会课上，他激动地说："我这次出走实在对不起老师、同学和父母，我决心把这个损失弥补回来，以此来报答老师的教导、父母的关怀和同学们的帮助。"

一个后进生的转化并不是一帆风顺的，会出现一些反复。有一次，上语文课时，他做小动作被老师发现，叫到办公室，在老师面前他强词夺理，与老师顶撞起来。当时我见他这副样子，也有一种说不出的滋味，于是我把他叫过来，引导他想起在广州流落街头当乞丐时的难忘情景。他曾对我说起过："在广州时，每当我看到广州的学生高高兴兴地背着书包走向学校的时候，我多么羡慕啊！而我现在远离家乡，又冷又饿，无依无靠，不正是因为我不好好学习而造成的吗？"我就抓住这件使他终身难忘的事对他进行耐心说服，正确的引导，从而使他真正认识到什么是应该做的，什么是不应该做的。经过劝说，他终于认识了错误，低下了头。事后，他主动向老师承认错误。

经过近一个学期的努力，期中考试，他的语文、数学、外语三科从原来都不及格减少到一科不及格，尤其是外语从原来的 55 分提高到 70 分，这大大增强了他的学习信心。

这个案例启示我们：刚刚开始认识世界的青少年，他们的一举一动、一言一行，往往带有盲目性，他们能否健康成长，关键是我们能否正确引导。对于教师来说，爱那些正处于痛苦和困惑之中的学生更有必要，因为他们需要我们更多的教育和更多的引导。任何一点粗心大意，

都可能伤害他们，使他们走上绝望的道路。对于后进生，我们应该善于抓住教机，立足于拉。立足于拉是我们教育工作者转变后进生的一个正确态度，而抓住教机则是我们转变后进生的工作艺术。

寓教育于谈话中

有这样一个案例：

我教的班上有一个女生爱抄袭别人的作业。一天放学后，我说到她家有点事，让她和我一道走，于是她放学后就在校门口等我，可以看出来，她有些拘谨。我骑自行车带上她向她家走去，路上我说："你平时聪明伶俐，老师们都很喜欢你，可就是你的一个毛病我们都觉得很遗憾，你知道吗？"她说："我成绩不好。"我又说："不是！是你不相信自己，而相信别人！凭你的能力，你是完全可以独立完成作业的，你说是吗？"沉默片刻，她说："老师，我再也不会抄作业了！"此时，已到她家。她说："李老师，您不是还有事吗？"我说："我的事已经办完了。"她会心地笑了，"谢谢老师！"可以感觉出，最后这句话是发自内心的，我向她点点头，骑车走了。从此以后，她再没抄过作业，并且成绩也有进步了。

这是通过谈话方式转化后进生的典型案例。

后进生是班级中的不安定因素，经常犯这样那样的错误，有的后进生对教师的教育持排斥态度，被视为"屡教不改"。作为教师和班主任，若能多一点关怀，多一份理解，多一些引导，及时地找他们谈心，就能温暖他们的心，甚至在他们的人生道路上留下一块闪光的里程碑。但是，现实中常有这样的情况，有的学生通过和教师谈话，解开了思想疙瘩，焕发了青春热情；有的学生却因谈话更加加重了思想包袱，甚至产生"顶撞"现象。这说明，谈话不仅要有思想性和哲理性，还要掌握一定的艺术技巧。

一、针对性

谈话的目的是把个人的正确观点和看法向对方说明，使之理解并接

受。谈话的方式和态度有多种多样，要获得理想的教育效果，教师就必须要根据不同的教育对象、教育内容和教育环境，运用不同的语言进行有针对性的谈话，做到对症下药、有的放矢。

1. 要因人施言

要根据学生的年龄特征和个性心理特征选择谈话语言。比如对小学生，要考虑到他的接受能力，应尽量运用儿童化的语言，将一些深奥的道理用浅显通俗、饶有趣味的语言表达出来。但对中学生，如果也用儿童语，就显得不伦不类，很不合适。就是同一个年龄段的学生，由于其个性心理不同，有的学生内向敏感，有的学生外向活泼，在施教时，也应注意用不同的语言。

（1）注意学生性格、气质，选用不同的语言。在性格方面，有的自信，有的自卑；有的认真负责，有的敷衍了事；有的沉着坚定，有的怯懦脆弱。在气质方面，有的直率热情，有的孤僻敏感；有的精力旺盛，有的萎靡不振；有的反应迅速，有的反应迟缓。教师在和学生谈话时，应根据学生不同的个性特点，采用适当的表达方式。

（2）根据学生学习成绩的差异，选用不同的语言。学生学习成绩往往分成上、中、下三个档次。要对这三种学生进行教育，就要把握这三种学生的心理特征。学习成绩差的学生往往存在一些消极的心理因素，诸如厌学、自暴自弃、与教师对立等，这是最可怕的心理因素，与这类学生的谈话尤其要讲究艺术。实践证明，这类学生尤其需要具体的鼓舞和帮助。

（3）从智力的性别差异看，女生偏于形象思维，言语较流畅，而男生更多地偏于逻辑思维，思维具有灵活性和创造性的特点；女生智力发展较均衡，而男生智愚悬殊较大。从兴趣方面看，女生多偏爱文科，男生则喜爱理科。在性格上，男生多开朗、勇敢、果断、不拘小节、好动、敢想敢为，但也有不少人粗暴、倔强、逞强好胜；女生多文静温和、细致耐心、待人亲切、有礼貌等，但也有不少人优柔寡断、拘泥小事、心胸狭窄、性情脆弱。教师在与男生或女生谈话时，应注意到由于性别不同而带来的各方面的差异，并据此选择合适的谈话语言。

2. 要因时施言

要抓住引发学生思想转变的时机，见机而言，因势利导，以求事半功倍之效。班主任找学生谈话，要注意看火候、抓时机。就是根据学生的心理特点、情绪状态，选择最容易发生作用、最有效的时刻，这是取得谈话成功不可忽视的一环。有的学生在生活中遇到了困难，或是犯了错误，思想上有很大压力，疑虑重重，这时他们迫切需要寻求解脱的办法，渴望得到教师的理解、关心和帮助。班主任要抓住这些有利的时机，进行谈话，使他们感到雪中送炭的温暖。特别是对那些犯了错误想悔改，或是被人误解、曲解的学生，更要抓住时机进行教育。只有时机恰当，谈话才能收到得心应手、水到渠成的效果。谈早了，条件不成熟，达不到预期目的，甚至可能起反作用；谈晚了，又会时过境迁，失去意义。谈话的时机一般可根据以下三个方面来选择。

（1）根据教师和学生双方的感情和信任的程度，对平时相处较好、感情和谐融洽，情绪又比较平和、能听得进教师意见的学生，可以立即与其交谈；对情绪比较激动，与教师有对立情绪的学生，则需要先做一些促使谈话时机到来的工作，比如可以先通过学生熟悉又较信任的教师或学生去做调解工作，也可以通过个人之间的逐渐交往来缓和矛盾，增进感情，等有了谈话基础再说。

（2）根据解决问题的紧迫程度。问题紧迫又具有一定谈话基础的应及时谈；不那么紧迫或一时情况不明，不便立即表态的，应间隔一段时间，等条件成熟了再谈。

（3）根据学生的情绪。一般情况下，只要不属于爆发性错误，不是非解决不可的，而学生又处于冲动状态，则不宜立即谈话，可冷却一个阶段，等学生情绪有所缓和后再谈。做学生的思想工作，要善于洞察他们心灵的需求与渴望。把握每个学生的个性特点，捕捉并利用各种有利时机及时施教，是教师从事教育工作必须遵守的一条重要原则。

3. 要因地施言

"教育是人与人心灵最微妙的相互接触"，这种接触要慎重选择环境、场合，使师生之间的感情得以真实地交流。不同的语言环境能影响学生情绪的变化，良好的环境有利于谈话的成功，促使学生思想的转化。办公室是教师经常跟学生谈话的地方，在办公室里谈话，给人的感觉是比较严肃、正式、认真。如给个别学生布置班上的工作，了解班里的情况，研究某个问题，这些都不是一两句话能讲清楚的，需要以严

肃、认真的态度对待。对那些严重违反校规、班纪的学生，如打架斗殴、故意破坏公共设施等，谈话时需要严肃，比较适合到办公室里来谈话，进行批评教育，这样会让他无形中感到问题的严重性，从而有助于他认识错误。而一些经常性错误，如上课精神不振、同学之间不和睦等问题，教师需要接近学生，知道学生的心理。想掏出学生的真心话，那么在办公室里交谈就不大合适，学生总会感受到一定的压力和一定程度的束缚，心理得不到放松。特别是还有其他教师在场，更会影响他把心里的话说出来。如果是在校园里的小路上、树荫下、操场上等场所，学生就不会感到拘束与紧张，而感觉轻松自然，这样，学生的思想才能充分地袒露，教师才能针对学生的思想观念，对症下药，从而收到良好的教育效果。

另外，还要根据不同的谈话对象来选择谈话的地点，对于一般学生来说，在办公室里与他们谈话是比较正常的，对谈话效果不会有什么影响。但那些性格比较内向胆小的学生，在办公室里谈话效果可能不会太好，他们会非常紧张，可能根本不是双方互动地"谈话"，而是他们在单向地"听话"；而对那些顽皮的、经常在办公室挨训的学生，如果在办公室里谈话，效果可能更差，任你"苦口婆心"，他总是这耳朵进、那耳朵出。对这些个性特殊的学生，最好先减轻他们的心理负担或对抗心理，如先与他一起在操场上活动或玩耍，然后在路上或校园里与他做较随意的谈话，效果就会好得多。

二、富有说理性

教师找学生谈话的目的，是为了使学生树立正确的认识、改正缺点、纠正错误。要达到这个目的，就必须在谈话的过程中摆事实，讲道理。教师应该根据学生的实际，通过讲明道理，对在什么地方、错在什么地方、为什么错等，使学生认识不良思想和行为所造成的危害，从而提高辨别是非的能力，同时唤起他们矫正错误行为的愿望，以期达到知其错而自觉抵制，知其丑而决心改正的积极效果。说理要把握好以下三点：

1. 说理必须有理

俗话说，有理走遍天下，无理寸步难行。要说理必须有理，这个理应是真理，不是假理；是经得起推敲的理，是实践验证的理，不是主观

臆断的理。只有这样，说理才能理直气壮，才有说服力和感染力。

2. 情理结合

说理，不仅要进行理论的灌输，还应该注意心理的相容和情感的共鸣。感人心者，莫先乎情。没有情感作基础，道理再正确，也打动不了人心，难以被人接受。因此，教师的谈话，要把情和理结合起来，既要讲道理，又要讲人之常情；既要坚持原则，又要具体分析；既要达理，又要通情。只有情理结合，理中含情，情中蕴理，情理交融，大道理才能被学生心悦诚服地接受。

3. 要讲究说理艺术

首先，要注意语言艺术，把道理说得浅显易懂，形象深刻，力求做到语言生动、鲜明、简练，有逻辑性，有知识性，有趣味性，有感染力。

其次，要善于喻理于事，用生动、具体、典型的事例说明道理，增强道理的感染力。

最后，说理要透彻。要善于抓住事物的根本，进行透彻的分析，说理才能取得更大的成效。

三、富有技巧性

教育是一门艺术，谈话也是一门艺术。教师与学生的谈话要想取得良好效果，运用一定的谈话技巧也是十分必要的。

1. 有的放矢，精心准备

当教师确定谈话的对象后，就要去了解对方。不知道对方产生矛盾的原因和心理活动，那么谈话就没有针对性，甚至会越谈越远，问题没有解决，反而会增加新的矛盾。只有对交谈的对象有一个整体的了解，才能把握住谈话的主动权，达到谈话的目的。一般要先了解对方的思想症结所在，接着要研究对方的性格特征，这样才能因人而异，对症下药。谈话还要注意选择时机，谈早了条件不成熟，谈晚了时过境迁。一些有经验的老班主任认为谈话的最佳时机是：问题未形成，矛盾初露时；初次犯错误，产生悔恨时；个人有困难，需要帮助时；火头已过，心平气和时；思想疙瘩解不开，易产生过激行为时。以上仅是一般谈话需掌握的时机，碰到学生受到重大挫折时，谈话宜早不宜迟。例如，曾有一位性格内向的女生，因为第二天要在会上检

讨自己的错误，晚自习后独自跑到河边徘徊了一晚，第二天终因想不开而轻生。事后，班主任痛心地说：若当时及时开导她，是不至于发生这种悲剧的。

2. 悉心倾听，适时提问

被谈话的学生一般都会先将情况向班主任诉说。这时，教师应是学生最专注的知音。在听学生说话时，绝不可心不在焉，东张西望，或看看手腕上的表，或用手指在桌上漫不经心地敲打。而要全神贯注，身体稍稍倾向于说话人，这会使学生感到教师对他的尊重和关心，也愿意将心里话告诉教师。有的学生是急性子，即使有伤害你的言词，也要耐心地听完，然后再说明你的看法；有的学生是慢性子，半天提不到正事，也不能着急发火，应点拨引导，适时地追问和插话，引导他尽快表述正题。在听对方倾诉时，教师不要急于下结论，若刚听一两句话就感情冲动，轻率下结论，往往容易搞错。俗话说：兼听则明，偏听则暗。教师需要冷静与理智的态度，在听的过程中进行分析判断，抓住真实的、本质的东西。

3. 讲究艺术，注意方式

"谈话要注意自己的对象，点明问题也要根据不同的对象采取不同的方式。"这是一位老班主任多年从事学生思想工作的体会。他找学生谈话时，若是该生性情豪爽，谈话往往开门见山，直陈主题；若是自尊心、羞涩感较强的学生，往往采取委婉含蓄的技巧，让人思而得之。现在的学生都有较强的自尊心，若是初次犯错，本人又有悔改之意，则采用委婉谈话较好。正如英国思想家培根所说："交谈时的含蓄和得体，比口若悬河更可贵。"曾有一个学生在宿舍只讲究自己干净，而不顾他人的卫生，造成同学对他意见很大。我们找他谈话时，采用的是讲同班另一个同学处处帮助他人、同学们也十分乐意帮助他的事例来引导他。同时，也表扬了他爱清洁的好习惯，希望他能带动大家将寝室的卫生搞好。从头至尾，没有一句责备他的话。后来，他主动帮助别人整理内务，赢得了大家好评。在谈话的语言技巧上，教师还要注意自己的语言要清晰明确，通俗质朴，简洁精当。若说话词不达意、吞吞吐吐、模棱两可，会使学生失去对你的信任感，增加谈话的难度。

4. 动之以情，晓之以理

唐代诗人白居易说过："动人心者莫先乎情。"惟有炽热的感情、

57

真挚的语言，才能使被谈话者感到可亲。切忌在谈话时，表露出不耐烦的神情。教师皱一皱眉头，学生有时都会敏锐地产生一种被轻视的感觉，从而引起对立情绪。因此，教师在谈话时要有一点"人情味"，这样容易很快和学生沟通感情。晓之以理，就是摆事实，讲道理。有一位老班主任找一个吸烟的学生谈话时，不是仅仅用校规警告他，而是首先谈了自己如何为烟瘾所害，现在得了气管炎，经常咳得厉害，同时，也给他算了一笔经济账。最后还请这个学生监督他，自己也开始戒烟。那次谈话之后，这位学生再也没吸烟，这位老班主任也戒除了抽烟的习惯。这次谈话之所以成功，一是采用摆事实、讲道理的方法；二是现身说法，以身作则。这样引起学生思想上的共鸣，促使其思想发生转变。这是一种极其有效的办法。由此可见，说服学生，做学生的思想工作，有时要动之以情，有时要晓之以理，情理交融，方能奏效。

5. 与学生谈话时要保持适当的距离

我们知道，事物的内容决定着事物的外在形式，但内容必须通过外在形式加以反映和深化。美国心理学家萨默的实验表明，两个人能进行轻松谈话的最佳距离不超过5.5英尺。这个距离用在教师和学生的谈话中，也很有实际意义，不少教师在与学生谈话时，不注意双方所处的距离。如教师坐在讲台上，学生站在讲台下，好似学生在受审，这种"盛气凌人"的做法，会增大学生获取教师爱生之情信息的难度，客观上拉大了师生之间的距离，双方难以长谈、深谈，甚至会造成学生的自卑感和抵触情绪。因此，师生谈话时应坐得近一点，促膝交谈，平起平坐，这样不知不觉中缩短了彼此之间的心理距离，使学生感到教师可亲可近，从而"亲其师，信其道"。

6. 谈话结束要适时，事后要认真总结

谈话的时间要根据问题的大小合理安排，把问题谈清楚了，教师的正确观点得到了学生的基本认同，在思想认识上取得了基本一致，达到了谈话的目的，就应适时地结束谈话，不要无话找话，漫无边际地"闲聊"或"侃大山"。另一方面，谈话结束后，教师不要以为大功告成，而要认真总结，看目的是否完全达到了，谈话过程中是否有不尊重学生甚至伤害学生的地方。对于谈话中的失误，教师要多做自我批评，如有明显不妥应向学生道歉，这是十分必要的，对于以后的教育工作也

是大有裨益的。

用多元化的手段拓宽后进生转化工作的空间

教师特别是班主任在从事后进生转化工作时，一般来说是通过口头交流和书面交流来实现的。从传统上来说，口头交流所凭借的媒介主要是面对面的交谈，电话普及之后，电话沟通也变得更加常用了，书面交流所凭借的媒介主要是便条、周记、作文等等。然而，随着现代科学技术的发展，人际交流的媒介也越来越多，手机短信、网络论坛、QQ、MSN 等等成为大家交流的重要媒介。班主任在做后进生工作过程中，充分利用这些新的技术手段，对于拓宽工作的空间很有帮助。我们来看一下袁老师的做法：

一天早晨，班主任袁老师发现小叶的座位空空的。是不是病了？袁老师走进办公室拨通了家长的电话，但小叶的爸爸却说小叶一早就去学校了。怎么会不在教室呢？袁老师心里一惊，顿时紧张起来。"那是不是迟到了？等一会再看看。"袁老师安慰家长的同时也在安慰自己。小叶是一个内向、乖巧的孩子，只是学习成绩不太好，有时作业不能按时完成。今天是不是因为作业没完成，不敢来了呢？袁老师走到教室，询问全班同学早晨有没有看到小叶来学校。学生小平回答道："我看见了，她在进学校大门的时候，突然转身向东走了。"

小叶会去哪里呢？袁老师与家长取得了联系，共同寻找，但一个上午过去了，一直没有找到。到了中午十二点半，小叶爸爸打来电话，说小叶背着书包回家了，但小叶回家之后，既不吃饭也不说话，一个劲地哭，家长问袁老师怎么办。袁老师感觉很为难，下午还要上课，去家访肯定来不及了，即使去了，也不见得她就会告诉我原因呀。袁老师突然想到，不久前班级为了加强师生沟通，在《成长论坛》上开辟了一个空间，小叶也曾去过那里，何不利用网络这一虚拟手段来与她沟通呢？想到这里，袁老师在电话里向家长提出自己的建议，并让家长转告小叶，下午一点十分在论坛见面。

放下电话，袁老师便上网进了论坛，不一会儿，就看到"小甜头"（小叶的网名）出现了。袁老师快速敲下以下话语："你今天吓死我了，

也急死我了，一直担心你会有什么事呢。我一直把你当成朋友，不知你是不是这样看我？"不一会，她就说话了："老师，您动作好快呀，我一上来就看见您了，刚想给您发一个帖子，您就给我发了一个，哎，我动作太慢了。"袁老师接着与小叶聊，慢慢地，小叶讲出了今天逃学的原因：原来，她没有做完卷子，上了一天的课，身体与大脑都特别疲惫，于是想躺一会儿起来再写，可谁知躺下之后就睡着了，第二天起来一看，已经7点了，一想糟糕，还没写完作业呢。但是如果现在写完作业又会迟到，要是不带的话岂不是天天都会忘记带作业？又一次作业没带，又一次同步没写，要是说出来多没面子。上学路上又想回家去写，但又害怕家长知道她没写作业。考虑了好久，终于决定上午不去上学了。

袁老师知道了原因之后，又问她："就是因为没有完成作业，对吗？那你一上午去了哪里？""我在学校旁边的院子里蹲着。"网上传过来小叶的一句话。"作业没写可以补呀，再说你几次欠作业，老师也没有说你呀，你为什么就要不上学呢？你知道老师多着急呀，一上午什么事情也没干！作业没有完成可以再补，但是逃离学校的行为以后不能再犯。你啊！在学习上要刻苦才行，你有很强的上进心，但是还要有行动！"袁老师继续说道。"嘻嘻，我知道了，可话又说回来，如果我上午如实跟您说您会百分之百地不说我吗？您讲卷子了吧，帮我讲讲吧！"网络中的小叶还很健谈，没有现实中眼神的躲闪和恐惧。袁老师和小叶谈得很愉快，一场"逃学"风波也在彼此的交流中冰消雪融。

下午，小叶也正常上学了。袁老师在同学面前装做一切并没有发生过似的，小叶向袁老师投去了感激的目光。

网络的出现给人们的交流带来了很大的便利，并且，随着互联网的普及，上网聊天已经成为当今学生生活中一个不可或缺的部分。作为班主任老师，如何充分挖掘和发挥互联网的德育功能，充分利用互联网丰富的信息资源以及方便快捷的特点，以加强与学生心灵的沟通与情感交流，已经成为当前学校从事德育所面临的一个重要问题。本案例中的袁老师就是利用网络这种新的交流手段来与后进生进行交流的，改变了小叶同学的一些错误想法，并激励她努力学习。

网络的普及虽然会为学校教育带来种种问题，但它有着其他媒介所不具备的优势。因此，班主任通过网络做后进生的工作主要有以下两个优势：第一，在网络这个虚拟的空间里，有利于实现教师与学生之间的平等交流。在现实生活中，学生有很多话是不敢当面向老师讲的，但在网络中，学生可以把自己的真实想法讲出来，正如在这个案例中，袁老师发现生活中一向内向、害羞的小叶，在网络中竟然相当健谈。为什么？这主要是因为网络中没有高低贵贱之分，也没有任何附加的人为约束，更加自由平等。第二，方便快捷，只要有网络的地方，都可以进行交流，这样就会节省班主任大量的时间。此外，网络交流能使信息及时得到反馈。在本案例中，正是网络使袁老师解决了去家访和下午要上课这两者时间上的冲突，而且又很快与小叶进行了交流，使问题得到了很好的解决。第三，可以集思广益，充分利用集体的力量。网络上聚集着四面八方的人才，班主任如果遇到了问题，可以利用来自全国乃至全世界的力量来解决。《中国青年报》2005 年 3 月 23 日介绍了一个利用教师博客转化学生的实例，标题为《七十七名教师改变了一个学生》，讲述了"仔仔"（网名）在互联网中进入教师博客这个特殊的群体，在众多教师的教育感化下由贪玩厌学转变为勤奋好学的故事。在此教师博客中的教师群体对"仔仔"的转化发挥了特殊的重要作用。此外，当班主任遇到转化后进生的难题时，也可以在网上发个帖子，大家共同讨论，集思广益，促进问题的解决。

由此可以看出，班主任在运用传统交流媒介的基础上，善于利用新的人际交往手段，不仅可以拓宽班主任转化后进生工作的空间，而且也有可能收到传统交往手段所不具备的效果。

多管齐下，形成对后进生的教育合力

要成功地转化后进生，不能只靠教师或班主任的一己之力，应该多管齐下，形成对后进生的教育合力，方能收到应有的效果。

一、重视班风陶冶

教师应当重视教育环境的陶冶作用。陶冶本身是一种以良好的风气为中介的潜移默化的教育，它会给人的思想、性格以有益的影响。应当

在集体的内部造成一种和谐的心理气氛，努力使后进生不感到孤独和拘谨。只有在开诚布公、互帮互爱的风气之中，后进生才会真正感到人际交往产生的温暖，并逐步接受集体的价值规范。相反，如果气氛不良，就会造成后进生的紧张心理，他们在精神上会经常处于"戒备"状态，这种气氛只能驱使后进生更加背离集体的价值目标。

建设良好班风，可从调整师生人际关系入手，因为良好的班风是由良好的师生关系、良好的同学关系和良好的学习态度组成的。应当努力建立民主平等的师生关系，建立团结协作的同学关系，促使多数学生树立正确的学习态度，努力造成一种催人求知和不断上进的气氛，并逐步转化为班风。后进生在这种环境中就会受到熏陶，感到不足，奋起直追。

二、调动各科教师的积极因素，唤起他们对后进生的同情、信赖、尊重与热爱

实践证明，后进生比一般同学更需要教师的尊重和关爱。因为他们清楚自己的"身份与地位"。正常对待尚且容易引起他们的敏感和多疑，稍有疏漏便会使他们产生自卑或对立情绪。多数情况下由于科任教师对他们的全面情况了解甚少，从而缺乏信赖和师爱。轻者怀疑补差工作是否必要，重者消极歧视，有意或无意伤害其求知欲和自尊心，成为补差工作的障碍。如何解决这一问题呢？最好的办法是向任科教师详细介绍后进生的具体情况。例如家庭结构、社会关系、群体关系、性格气质、兴趣特长等，使其在了解的基础上升华到理解。从而建立互相信赖与尊重的师生关系。

有这样一个案例：

A生平时的成绩在全班61人当中最低时排到45名，属于补差范围，任科教师们对她已失去信心。在碰头会上我向7位教师介绍了她的情况：初中时成绩优良，且有绘画天赋，姊妹俩关系融洽。后妹妹因偶发事故惨死，从此她情绪消沉，无心学习，成绩每况愈下，挨至高三更加心灰意冷。当我介绍事故经过时，老师们都屏气凝神，同情和内疚一齐涌上心头。懊悔以前因不了解情况而缺乏对A生的体谅，用不着我建议，教师们对她肯定会有积极措施。后来我又委托她的上一任班主任

与她谈心，到高三下学期开始时她已判若两人。高考时以 492 分跃居全班前 10 名，被某高校录取。

调动教师积极性的第二个办法是经常向他们汇报班级工作，把他们由局外拉入圈内并进入角色，与这个班共呼吸。汇报不一定开会，可以采取用打字蜡纸刻印简报的方式，给每人一份。内容包罗万象，诸如每周工作要点、班上偶发事件、每人各科成绩排名、奖惩事例等，凡班主任掌握的情况都让他们知道。潜意识中他们仿佛觉得自己也是班主任，主人翁感加强了。

只要各科教师有了积极性，至于规定包干任务、定期辅导、落实到人、追踪检查等技术上的工作就容易推行了。

三、通过家访，和家长一起努力

我们来看一个案例：

我是三（7）班的班主任，这个班一、二年级是我自己带的，我非常了解自己班里的学生，差生、调皮生有七八个。当我决定把这个班带上来时，我就下定决心一定要改变差生的状况。

首先我从班上最差的学生入手。小振是我班的双差生。他不仅成绩差，而且行为习惯也差。上课坐不住，听课不专心；喜欢管闲事，作业不能按时完成；下课喜欢追逐打闹。上学期期末考试语、数都只有七十几分。一开学，我就去了小振家进行家访。

我从表扬优点开始打开家访局面。小振待人热情，有礼貌，热爱劳动，讲卫生。家长听了也点头，可是，不学习可不行，将来没有知识干什么都吃力。现在管还来得及，即使孩子将来不能成为什么人才，做家长的也不会后悔，留下遗憾。严是爱，松是害，不管不教要变坏。家长说他们也管，可是管不好，有时管狠了奶奶就护。我和家长一起分析了原因。第一，家长管得不到位，不能平心静气地坐下来教。第二，家长不能持之以恒，高兴就管，不高兴就不管，要么就打，奶奶再一护，就完了。第三，可能家长还不知道怎么管教，方法不当。接着，我辅导孩子完成家庭作业，然后复习，最后预习第二天的课。家长主要是检查督促，使之养成好的习惯，现在管是为将来不管，家长听了连连点头。最

后我又给家长提了几点建议：（1）建议家长尽量自己接送孩子，以便与老师及时沟通、交流孩子一天的学习和表现。（2）建议家长和孩子定好合约，不完成作业不准玩，在学校打架回来就罚，教育孩子时不要在老人面前。管就要管得彻底，要让孩子心服口服。（3）建议家长每天晚上陪孩子读半小时课外书。培养孩子的读书兴趣。这样孩子的阅读、理解能力慢慢就会提高，成绩也就会上升。

家访过后一星期，小振就明显有了进步，我及时给予表扬和鼓励。我经常和家长联系，交流思想，家长也高兴。原来家长很怕见老师，现在主动和我联系。两个多月下来，小振的学习态度有了很大转变，作业不拖拉了，打闹现象少多了，没事时还能看看课外书。虽然他的理解能力还很差，成绩提高不太大，但是作业上错误少多了，我相信有了好的开始就有成功的可能。

家访对改变差生状况是不错的方法，能起到事半功倍的效果。

成功的家访，能使后进生更亲近教师，从而激发积极向上的决心。常常有这样的时候，老师向学生会意地一笑，他就知道了应该去做什么和怎样去做，你也会感到做"人类灵魂工程师"的乐趣，真正体会到什么叫"心有灵犀一点通"。然而，失败的家访会使学生对你敬而远之，给你增添新的烦恼。因此，可以说家访是一门艺术。

以上案例中的老师就很好地进行了一次家访。其家访之所以成功，主要有以下几个方面的原因：一是她对班级比较了解，对准备家访的对象也比较了解。二是老师对家访有正确的认识，从表扬学生的优点入手打开了家访的局面，然后和家长形成一致的目的解决学生存在的问题，在良好的氛围中，对家长给出了合理的建议，使家长欣然接受。正是如此，家访才非常成功，而且家访也很快见到了成效。

家访是班主任的一项基本工作，但是也有很多技巧和方式，否则费力不讨好。班主任要多思考，多总结，多学习。在相当长的时期内，广大中小学把家访作为结合家庭教育对学生尤其是后进生进行教育的主要手段之一，取得了较好的效果。家访是让老师在切身感受学生的成长环境，了解家长的文化素质、家庭教育状况的基础上，对学生进行全面认识、分析、理解，真正实现"一把钥匙开一把锁"。

当然，家访不能随心所欲，要做到"六要"和"五忌"。

1. 家访"六要"

（1）家访前，班主任要有准备。特别是普访和随访都要有充分的思想准备，谈什么，怎么谈，不同层次的家长会有不同的心态。

（2）家访中，班主任要多尊重家长。必须尊重学生家长或监护人。特别是对那些犯了错误的学生要从爱护出发，帮助家长分析孩子犯错的原因。

（3）家访中，班主任要多鼓励学生和家长，要对他们充满信心。对学习有困难的学生要挖掘他们在学校中点滴的进步，向家长汇报，使家长和学生都增强信心。

（4）家访中，在一些存在分歧的问题上，班主任要和家长多商讨。在教育学生的问题上，教师与家长可能会出现一些分歧，应该用与家长商讨的方式解决。

（5）班主任进行家访要抓住时机。机不可失，时不再来。及时地发现问题，合适地解决问题，这对班主任是非常关键的。时机不好，事倍功半，时机好，事半功倍。

（6）家访中，班主任要多观察。要想做好家庭教育指导，首先得了解学生的家庭情况，这就要求班主任要多注意观察。家访中要留心观察学生家庭人口情况、居住与学习条件等等。

2. 家访"五忌"

（1）家访，切忌当面"告状"。不能把家访当作向家长"告状"的机会，特别不能当着学生的面向家长数落学生。可以启发他自己谈谈事情的经过，告诉他犯点错误并不可怕，改正了就是好学生。

（2）家访切忌责备家长。不要站在家长的对立面去指责，要让家长体会到老师和家长目标完全一致。

（3）家访忌急于求成。不要以为一次家访就可万事大吉。学生的表现有些反复是正常现象，再帮助就是了，要学会抓反复和反复抓。

（4）家访切忌以偏概全。不要一好百好，一差百差，特别是对有缺点的学生，应从表扬其优点入手，打开班主任家庭教育指导的局面，使家长体会到严是爱、松是害。家庭教育指导是一个家长和班主任互动的过程，班主任在这一过程中不要突出一点而不及其他，否则不容易形成全面的指导和交流。

（5）家访切忌漫无边际。如果谈起话来海阔天空、华而不实，就

会使家长不知班主任家庭教育指导的目的。要言之有物，长话短说。集中要点和家长进行沟通，并在适当的时候给予家长必要的教育学和心理学知识的指导。

四、伙伴学习，多方受益

"独学而无友，则孤陋而寡闻。盖须切磋，相起明也。"这段话表明，学习需要有伙伴，单独学习有碍长远进步。后进生的学习也是如此，如果让后进生长时间一个人学习，他很快就会失去兴趣，因为过于孤单、沉闷，遇到问题无人讨论和请教，很容易厌烦。所以，教师不妨帮后进生找学习伙伴，让后进生从中受益。

美国华盛顿大学的心理学教授们做了一个试验，他们从学生中选择成绩差的和成绩好的两个人分成一组，座位也在一起，同时学同样的课程，目的是让学生互相帮助，并告诉他们最后的成绩以两人的平均分数计算。实验结果是所有分组同学的成绩都比以前有了显著的提高，这个实验告诉我们，由于同学间的互相激励和帮助，不仅差生的成绩大幅度提高，好学生的成绩也能更上一层楼。

这个实验同时也证明，学习好的孩子同学习不好的孩子一起学习时，学习成绩不仅没有下降，相反还有了大幅度的提高。这是因为，当他们帮助学习差的同伴时，是以一种教师的身份出现，这种体验会增强他的自信心。为了把问题讲清楚，这些学习好的孩子就要更深入地学懂、学透，否则就不能给别人讲明白，因此他们学习更为努力。所以学习好的与学习差的组成同伴学习，会是一种双赢的局面。

帮后进生找个学习伙伴，能多方面促进后进生的成长。

第一，对后进生可以起到一定的约束作用。后进生一个人学习，可能会磨磨蹭蹭、心不在焉，但是，给他找一个学习的伙伴就好像给他找来了一个参照物。两个孩子会相互比较，有比较就会有竞争，两个孩子一起学习就形成了一种小的竞争环境，谁也不愿落在后面，谁都会自觉克服自身的毛病。

第二，可以激发后进生的求知欲。

在学习中，后进生会经常遇到自己不会的问题，在单独学习时，后进生很可能思考一下就放弃了，之后也不一定会去向别人请教，所以问题经常得不到解决。可是两个人一起学习就不同了，遇到不会的问题可

以马上有人讲解，如果两个人都不会还可以一起去寻找解决的办法，如果还是解决不了，之后也会互相提醒着去问老师。这样就会使孩子慢慢形成探求知识的欲望，产生学习的兴趣。

第三，可以缓解疲劳，增强趣味性。

两个孩子在一起学习，肯定不会各干各的或者一言不发。当学习的疲劳期出现时，两个孩子会进行一些轻松的交谈，这样便可以很快缓解学习的疲劳。

在很多学校，老师会根据学生的特点把孩子们分成几个小组来一起学习。在这个由几个孩子组成的学习团队中，教师发现，孩子们不容易产生疲劳，学习的效率也比较高。

第四，可以培养孩子的合作意识。

现在的孩子，多是独生子女，虽然从小就被大人们万般宠爱，可是由于缺少伙伴，还是会感到孤独，同时与人合作的意识也十分淡薄。两个人一起学习，不仅可以丰富孩子寂寞的精神世界，还能培养孩子的合作意识。因为两个人一起学习不可能像自己一个人学习那样随便，要互相协调、互相帮助，慢慢地，合作意识就形成了。

怎样帮后进生寻找学习伙伴一起学习呢？下面提供一些建议：

（1）一起学习的孩子不宜过多。孩子们一起学习的地点一般是在某个孩子的家里，不像在学校那样有约束力。孩子多了，出现的问题也就多，分散孩子注意力的情况也就多。如果有几个自觉性较差的孩子在一起，就会产生小的不良团体，对整个小组的学习产生不利的影响。

一般来说，在家庭学习中一般两个孩子是最好的组合。这样既便于父母监督，又可以营造良好的学习环境。

（2）一起学习的孩子，最好在各个方面互补。首先要在尊重孩子的基础上帮助孩子选择适合的学习对象。孩子年龄较小，自我控制能力较差，他所选择的学习伙伴往往是志同道合的好友，这样两个人在一起学习，很有可能只是嬉笑打闹，还不如自己去学习。

在选择学习伙伴时，最好两个孩子在性格、能力等方面能形成互补。学习好的和学习差的一组，性格活泼的和性格安静的一组，这样在学习中可以互相调控、互相帮助。

（3）最好和老师取得联系。最了解孩子学习情况的应该说是孩子的老师，因此，要指导家长在帮助孩子选择学习伙伴时，最好能和孩子

的老师取得联系，让老师帮助挑选。同时，孩子一般容易听从老师的意见，这样老师就可以帮助父母来约束孩子在家的学习情况。有了老师的参与，两个孩子一起学习就更有针对性和任务性，更便于目标的实现。

（4）由于后进生往往从学习后进开始，因而伙伴帮助的重点应当是帮助寻找学习中的薄弱环节，改进学习方法，帮助学习困难者某一学科，引起学习迁移，养成良好的学习习惯，以逐步取得进步。

第四章

后进生不良行为的应对技巧

学生自习课时说话怎么办

上自习课时，学生突然说话，这是学校中常见的事，可称之为"常见的偶发事件"，许多班主任对此事件的处理都不得法，效果很差。那有没有更好一点的办法呢？

让我们先来看一位资深班主任的做法：

我很反感自习课的时候有人讲话，静静的环境，人家好好的一个灵感，被人吵几句，结果心情就烦躁起来，什么也写不出。明明安静的课堂，大家在做作业，突然有人在说话，你责问他，他还很有理地反问你："我有问题，需要讨论，难道不行吗？"行，你不能够说不行，可是你这样表态的时候，那些想捣乱的人可就高兴了，他们又可以浑水摸鱼了。于是我在班上组织同学讨论，能不能够在教室自习的时候，既保障室内安静，又能够让大家讨论问题？于是，有人提出了许多方法。

"可以到教室外面讨论。"

"可以放在下课的时候讨论。"

"可以小声地说话，耳朵凑在一起就行了。"……

马上就有同学反驳说，是啊，大家都出去一趟，教室里还像话吗？下课时讨论，时间早过了，完不成任务啊！可以小声说话，具体小到什么地步，谁能够控制？……最终，这些方法都不是很理想。

"可以用笔谈的方式进行啊！"那段时间我们正在教沈括的《采草药》，是《梦溪笔谈》里的文章，有同学就想到了笔谈的方式。对啊！这个方式很好啊！我就开玩笑说："那不就是纸上谈兵了咯！"学生哄堂大笑，最后决定在自习课的时候，全班采用这种方式说话。于是就有了前面所说的纸条子。

可是这种方法还不是很好，每天要浪费很多纸，有时候倒垃圾，全是班上同学的纸条子。有人提建议了，是不是每人安排一本专用讨论本，不撕掉，不裁剪，讨论的同学互相往来。"是啊，这样还可以保留很多聊天记录，比 QQ 还好！"马上就有人赞成。还有人说。如果这样，毕业的时候，每人还可以留几本同学聊天记录做纪念！多好！我要搜集写作素材，就去向学生讨，能不能够借几本给我看看。呵呵，他们还挺

在乎的："可以啊，但是要还给我！"

　　我班的自习纪律一直是全校最好的，别的班级来参观的时候，都很惊奇、羡慕。只要你不去严厉禁止他们，解决问题的方法很多，你班上也可以做到讨论静无声的，方法很多，你可以探索啊！

　　这个班主任的方法启示我们：
　　（1）你可以不去严厉禁止他们，解决问题的方法很多，你班上也可以做到讨论寂静无声的。
　　（2）艺术地告诉学生，只有在寂静的环境中，你才能够听到自己心跳的声音。

如何应对恶作剧

　　青少年学生由于心理不成熟，活泼好动，有些还很顽皮，时不时地制造一些"恶作剧"，对此，班主任应该怎么处理呢？
　　我们先来看下面这位班主任的应对之法：

　　大家在纪念"五四青年节"时，一位男同学恶作剧地联想到"三八"节，并脱口说出"臭三八"，借以侮辱女同学，引来部分同学讪笑。我本不想看到这种情况发生，更不希望此种现象再次发生。于是我决定不采取回避的态度，因为以往的回避显然没有达到理想的效果。我当即幽默地说："干嘛要侮辱女同志呢？我们的母亲是女同志，我们的姐妹是女同志，将来娶的妻子还得是女同志，做了父亲，孩子更保不定还是女同志！"讪笑声止住了，所有的目光都集中到那位男同学身上，明显流露出一种谴责的意味。不用再说什么，那位男同学已羞愧得满面通红，随即向大家表示了歉意。

　　教师是驾驭课堂的主导，人民教师的职责时刻在提醒我们，对学生进行思想教育是我们应尽的义务。因此，面对课堂上的偶发事件，回避本身就是一种不明智，虽然冷处理可以暂时平息事态，但对于学生认清问题的实质，明辨是非毫无益处。礼貌待人尊重同学，特别是尊重异性同学，是每位学生应具备的道德修养。课堂上的恶作剧本就不该发生，

何况带有侮辱色彩的呢。营造一种民主的宽松的课堂氛围是必要的，对错误的思想意识，尤其是在偶发事件中表现出的违背道德准则的思想意识，进行适时的约束，导之以批判性的思维，就更是必要的。

课堂是各种思想，特别是行为意识碰撞的易发地，教师不仅要站在高处静观这种碰撞，更应以权威的身份引导这种碰撞的发展趋向。因此，适时采取对策，选择恰当的方法解决问题，是教师教书育人过程中应具备的最起码的基本功之一。

偶发事件，特别是含有明显错误倾向的偶发事件的发生，说明我们在育人方面存在明显的不足。此时，采取简单粗暴的方法，不但不能真正解决思想意识问题，还可能引发新的预想不到的冲突。教师的情感、态度对学生有直接的有效的感染作用。思想教育应该发挥这种作用的威力。幽默本身不仅是教师用于传授知识的方法，更应是教师用爱的情感影响学生激起善良情感的教育手段。待人真诚，才能赢得别人的真诚相待，批评的目的，是唤起被批评者能够开展自我批评。因此，冷静是恰当处理问题的前提，亦是解决问题的保障。

如何应对学生上课"顶嘴"

学生上课"顶嘴"并不是一件罕见的事，新教师和老教师相比，因工作经验不足，遭遇学生顶嘴的几率更高一些。因此应多了解一些有关正反两方面的经验教训。

（一）反面的教训

面对学生顶嘴，教师以下几种反应处理都是不可取的。

第一，勃然大怒，立即变脸，抬高声调进行训斥，命令学生"闭住臭嘴！"

第二，怒不可遏，顺手朝学生脸上甩一巴掌，打得他低头捂脸。

第三，阴阳怪气地对学生进行挖苦讽刺。

第四，立马让学生回家，厉声命令："叫你家长来！不来你别想上课！"

这四种反应处理的共同点是教师表现出十足的威严，一副凛然不可冒犯的样子。处理特点是"压服"，是不准学生有二话。

有位班主任曾说过：

反思我自己，过去我就属于"勃然大怒，立即变脸，抬高声调进行训斥"一类的老师。虽然从来没有说过"闭住臭嘴"之类的话，但蛮不讲理令学生不再开口却是"实践过"的。这样暂时可以保住自己的脸面，却不能博得学生的佩服和敬重。

打骂讽刺学生，表面上可能也会让学生"闭嘴"，但也会收获学生的"敌视"。我曾不经意间听到几个学生背后议论某教师，其中一个嘴里骂骂咧咧，听那意思是，他顶嘴时某老师打了他一个嘴巴，真想找人揍某老师一顿。至于是否真找人揍了，我无从知晓，估计他只是说说而已，但"打骂教育"收获打骂，却是顺理成章的事情。

现在打骂学生不比以前，现在学生的"权利观念"普遍较过去强烈。现在打骂学生，有可能让学生抓住"把柄"跟教师较真："你当老师，凭什么打人！"教师继续打吧，越打越不占理；不打吧，很难下台。即使从消极的方面说，为了压服学生而选择打骂也是不可取的。

让学生回家"叫家长"，也可能出现令教师意想不到的事情。有些学校就出现过这种情况：有些学生不敢回家"叫家长"，选择了"离校出走"。学生家长晚上等不到孩子回来，一问是让老师"撵出来"了，勃然大怒，气冲冲到学校来要人，闹得学校不得安宁，教师也里外说不清，只能向学生家长道歉，向家长说好话，请家长原谅，还要到处去寻找出走的学生，生怕有个三长两短，担不起责任。

（二）正面的处理经验

正面的处理经验就是：教师面对学生顶嘴要冷静，要避开争端，对学生说："这个问题咱们下了课再讨论，现在先继续讲课。"

学生上课顶嘴，往往和教师当众批评该学生有很大关系。学生的自尊程度不同，有些自尊心不强的学生，就是教师骂两句他也不在乎。但自尊心强的学生却受不了哪怕一句难听的话，胆子大一点的会公然顶嘴，以挽回在同学面前丢掉的面子。

教师对学生的"犯上顶嘴"进行"冷处理"，可避免矛盾的进一步激化，为下一步双方进行沟通提供良好的"缓冲"条件。教师上课

"冷处理"学生顶嘴，下课后找一个合适的时间主动和这个学生交流，确实需要放下教育者的架子，能做到这一点是很不容易的事情。

教师下课后诚心了解学生的想法，必须强调是想明白自己哪里做得欠妥，以便于以后引以为戒。学生谈了自己的看法后，哪怕教师觉得有失偏颇也不要急于否定，而是站在学生的角度想一想是否有道理，如果确实是自己有问题要坦然承认，要勇于承认自己不该伤害学生的自尊。这样，教师在学生心目中才是通情达理知错就改的真正意义上的"老师"。

完成了这项工作，如果学生上课时确有错误而仍未认识到，教师再推心置腹地对学生指出其错误在哪里，危害是什么，同时还要指出跟老师顶嘴不好，不礼貌。然后再告诉学生：学生真正让教师佩服的做法，是平静地对"犯了错误的老师"说："老师，我不能接受您的说法。我有话要跟您说，不过我想下课谈更好，咱们下课再谈好吗？"话说到这份上，相信学生会愉快接受教师的委婉批评和合理建议。

还有一种顶嘴不是发生在课堂上，而是发生在课下教师单独批评某一学生的时候，学生不高兴了。

这种顶嘴一般与"面子"无关，多数是因教师批评学生时扯到了某件事情上，错怪或冤枉了学生，学生矢口否认。教师坚持自己的看法，导致学生情绪激动。这时，教师见学生否认某件事态度坚决，就要考虑自己是否真正了解事情真相。正确的做法是不以势压人强迫学生承认与这事有关，而是避开这个话题，说："也可能我记忆有误，以后调查了解清楚了再说吧。"然后继续刚才的话题。

不过，既然说了"以后调查了解清楚了再说"，就不能没有下文。将来一定要对此事有个交代。如果教师确实有误，该道歉还是要道歉。

学生在课堂上吵闹怎么办

在自习课上，因教室里没有教师，学生往往会发生吵闹现象，大多数班主任采用的办法是让班干部来监督纪律，但由于中小学班干部自身能力不强，效果不甚理想。为避免课堂吵闹现象的发生，可以从以下几方面着手来抓。

（一）强化意识

宣传的作用是显而易见的，如有些广告初始让人听了很不舒服，但听得多了，看得多了，也会觉得这广告挺有意思，因此教师要经常向学生宣传教育，学生听多了，自然就接受了。他们在犯错时，自然会想起老师平时的教育，会产生负疚感，从而控制自己的行为，耻于犯错。如有位学生在日记里这样写道："老师，您不在的时候，教室里很吵……您教育我们'既然你吵闹了，犯错了，就要对你的行为负责'，您说得对，我们是应该受到惩罚的……"由于教师平时经常正面教育学生，学生的心里已有了过错意识，有了为自己的过错承担责任的想法，那学生以后自然会少犯错误。

（二）相互制约

学生懂得了道理，并不能保证其不会犯错，还要通过外力督促把认识转化为行动，这时同学之间的舆论监督就特别有用。比如，当教师不在教室时，让每位学生写出最吵闹的和最安静的学生，然后把学生写出的名单加以统计，在教室里进行宣读："最吵的人是谁，最安静的人是谁，他得到了几票……""最吵"的学生听到后就会想，原来我"得票率那么高"，我可得改正了，下次别名列榜首了。排名稍后的学生听到后就会想，下次少一票也好。榜上无名的同学听了后想，我得努力了，我要加入最安静的名单中。这样学生处于相互监督之中，学生会促使自己注意在同学心目中的形象，从而进行自我控制、自我提高，有助于形成良好的学习氛围。

（三）适当表扬

每位学生在经过努力后，心里总希望有人能肯定他的成绩，那样他会觉得我的努力没有白费，会更加努力，因而适当的表扬是必要的。如在上述最吵的同学公告中，教师有意识地说某某最吵的同学上次得票多少，现在得票少了，进步了，看来下次就不会出现在最吵的同学名单中了。该学生听了后会更加坚定改正过错的决心。

（四）相应惩罚

对所犯的过错施以相应的和适当的惩罚是必需的，有助于学生改正不良行为。不过教师要讲究惩罚的方法，杜绝体罚，可以让学生写检讨

书等，但要尊重学生，要保护学生的自尊心，惩罚要能得到学生的认同，要能促使学生自我反省、自我控制。

发生师生"对峙"怎么办

师生之间由于某种原因发生冲突，导致"对峙"局面的发生，这在教育教学实践中也是常常会发生的事情。对此，班主任应该怎么处理呢？

请看下面的案例：

这是好几年前发生的事情了。

有一天，我正在上课，而且讲得很起劲，同学们也听得很入神。就在这时，我发现一个女同学正在看小说，于是我气不打一处来，心想：你学习成绩不好，还要看小说，真不像话！于是就边讲课，边悄悄地走向她的座位。当走到她旁边时，我以"迅雷不及掩耳"的速度伸出手，把她的小说收了过来。

正当我准备批评她时，一件意想不到的事情发生了。那位女同学站起身来，急速地走上讲台，将我放在讲台上的课本和备课笔记全部拿去了。她是班上有名的"女罢头"，站在讲台旁手拿我的备课笔记与课本，瞪着眼看着我。我站在她的座位旁，顿时觉得呼吸急促，手发麻，头上冒汗，此时我与她怒目相视，双方剑拔弩张。教室里寂静无声，气氛十分紧张，大家等待着事态的进一步发展。

我心里想：这次明明是她不对，应该趁机好好镇她一下，先把她的书包从窗口丢出去，然后走上讲台把她推出教室，杀杀这股邪气。但刹那间，我猛然想到，假如她不肯出教室，甚至大吵大闹怎么办？不是越闹越糟吗？不但课上不下去，还很可能将事情闹得无法收场。在师生双方头脑发热的时候，绝不能蛮干，先要保证把课上下去。我这样想的时候，便强压住上冒的肝火，勉强小声对她说："好吧！你不要再看小说了，好好听课。"说时将小说放回到她的课桌上，那位女同学见此情景，也把我的课本与备课笔记放回讲台上，回到了座位上。于是我润了润喉咙，继续上课了。这堂课的教学计划总算按时完成了。

下课以后，我反复考虑，这件事一定要谨慎处理，否则，以后班务

工作难以开展。

我决定暂缓一段时间再说。

连续两个星期我没有找这位同学谈话，而是先在班干部会议上把我当时的想法告诉大家，说明老师这样做是为了顾全大局，不影响大家听课。在班会上又有意识地讲到，凡事要顾全大局，加强集体主义观念，同时也谈到对待思想上的问题，不能采取简单、粗暴的方法来解决……这样的谈话，先后进行了四次，班里同学的认识渐趋一致了。这时我仍然没有找这位同学谈话。但我注意到她在班干部、同学们的议论中，慢慢地态度有了变化。班内的活动也能比较认真和投入。我仍然耐心等待着有利的教育时机到来。

一天外语课上，当我讲到某个语法的用法时，请同学们举例说明。已经有两位女同学讲了自己的例句。此时我环顾一下全班同学，发现这位女同学也在认真地听着，从她的神态中可以看出，她也能正确回答这个问题。时机到来了，我随即对她微笑地点了下头，说："你能不能举一个例句来说明？"她站了起来很认真地讲了自己所举的例句。我面带微笑，肯定了她举的例句很确切，并表扬了她能简单地说明这个语法的特点。

下午课外活动时，我叫另一位女同学请她到我办公室来。她来了，我先请她坐下，接着我先讲了她最近学习认真，成绩已有上升，各项活动能认真地投入，作为班主任，我心里很高兴。讲着讲着，她露出了笑容，随即我把话题一转，讲了两周前的事，并把我当时的想法告诉了她，她听着听着，忽然眼睛湿润了，她含着眼泪说："老师，那次是我不好，同学们都讲我不应该收你的备课笔记和课本……"我接着安慰她说："老师不会计较这些的，现在你认识了，就好了。我是担心你这样任性，将来走上工作岗位，恐怕很难和同事们友好相处。今后对任何事情都不能太任性了，要注意个性修养。"通过这种师生交流，我们之间的隔阂消除了，第二天早读时，她看见我就亲切地喊了一声："老师早！"

我心中感到了一种从未有过的快慰。

这位班主任处理偶发事件，做得非常好。

首先，他做到了沉着冷静。这是处理偶发事件的先决条件。如果他

是"怒火中烧",大发雷霆,失去理智,就不能作出冷静的思考和选择,也不可能采取最佳的处理措施,后果往往是"不堪设想"的。

其次,机智果断。这是防止事态向不可逆转方向发展的必然要求。这位班主任面对突如其来的"挑战",没有蛮干,而是强压怒火,用简短的话语结束了冲突,平息了争端,表现出了应有的机智果断。

最后,教育引导。处理偶发事件不只是为了息事宁人,班主任必须本着教育学生、促进班级工作和学生身心健康发展的目的对待问题。

学生犯错后拒不上交应该没收的东西怎么办

我们先来看两个案例:

案例一:

班主任田老师上英语课看见黄某拿着一本课外书津津有味地看。他走到黄某身边,黄某没有发现。

"把书给我好吗?"黄某吃了一惊,条件反射地把书扔进自己的抽屉里,埋着头不动了。

田老师又轻声地重复着说:"请把书拿出来。"连说几遍,黄某无动于衷。

"那老师就自己拿了?"老师伸手去拿,黄某忙用手轻轻挡在抽屉边,不让靠近。

"那我就请班主任刘老师来拿吧。"黄某依旧不动声色。

老师有些紧张了,没想到借助班主任的威力也产生不了效果。于是,田老师说:"好吧,我现在就打电话给你爸爸,请他来拿这本书。"黄某默不作声。

老师心想:倘若真的给家长打电话,他依旧不把书给我,我该如何收场?我的威信靠什么来支撑?更何况,我根本就不知道他爸爸的电话。不过,他还是本能的边想边慢慢从包里摸出手机,而就在快要按键的一瞬间,黄某迅速从抽屉里扔出一本书来。

"对不起,刚才你看的不是这本书。"老师说,随后就开始假装拨打电话,一个键一个键地按着号码,但脑子里却是一片忙乱:"他会把书拿给我吗?"

也许是他看老师动真格的了，就流着泪很不情愿地拿出了刚才看的那本美国畅销书《奥兹国的巫师》。这时，老师才如释重负地松了口气。

案例二：

班主任孙老师发现自习课上有四个学生耳朵塞着耳机。学校规定不许将随身听带进教室，班级也重申，只要发现在班级里听随身听的，一律没收直到假期归还。他没有吱声，终于其中的三位学生看到他站在窗外，但只做了个小动作掩饰，仍然陶醉其中。孙老师暗想真是太大胆了，不处理怎么行？

于是走进教室，说："请四位同学将随身听交给我。"

没人动，大家都在张望，陆和赵相互看了一眼，但没交出来。

"不用我点名是哪四位吧？两位男生两位女生。"

终于，陆和赵慢吞吞地交上一个随身听和一个收音机。

另外两位女生还是没有动静，孙老师压住心中的气，仍然平静地说："请小蒋和小玲将随身听交上来。"

教室静得连空气似乎都凝固了，大家都在注视着她们。她们没有动，但显得有些不安，红着脸埋下了头。

"行，不交可以。明天如果我在班里，你们就不用在了。"

孙老师的语气出乎意料的平和，但这种严厉的语气自他当班主任以来还没有过。于是孙老师不顾教室里的骚动，拿着男生上交的"战利品"回到办公室。

第二天清晨走进教室，小蒋和小玲看到孙老师就低下了头。

孙老师问："平时你们表现不错，昨天晚上怎么会出现这样的事情呢？你们说怎么处理这件事？"

两人都一声不吭。

"两位男生都很自觉地交上来了，你们怎么就是不肯交呢？"

"收音机是别人的。"

原来如此。

其实孙老师觉得能够理解她们，学习累了听听音乐放松点，调节一下情绪，但是晚自习不应该听，会影响自己也影响他人，况且这作为纪律强调过很多次。……于是问她们"是不是觉得我们就是不交，看你

孙老师能拿我们怎么着"时，她们摇摇头说没有这想法。

后来孙老师提了两条处理建议：

一是现在交出收音机；

二是与家长联系，家长同意自习课听收音机，那么就让家长领回去在家听；家长不同意，那还是得交出收音机。

中午两个收音机放在他的办公桌上。

孙老师后来说：这件事看起来处理得似乎还比较成功，但我没能在处理问题之前仔细思考，留下了很大的缺憾——我竟然威胁学生。

这两个案例值得我们深思。

同样是在课上没收学生东西，我们把"一本书的较量"和"四台收音机的较量"比较一下，可能有所启发。

可以看得很明显，就整体素质和专业能力来说，孙老师比田老师高一筹。

田老师处理学生看课外书事件时，差不多是完全的以教师为中心，几乎毫不考虑学生的感觉；而孙老师则说"其实我能够理解她们，学习累了听听音乐放松点，调节一下情绪"。孙老师能换位思考，作为教师，这是很重要的思维品质。不换位思考，"理解"就是空谈。

田老师在和学生发生冲突的时候，只是一股劲往前冲，看不出有灵活机动的"敌进我退"意识，这是很冒险的。万一碰到硬钉子，如何下台？难怪田老师自己也捏一把汗。孙老师就不然，四台收音机交了两台，另外两台死活不交，这是很尴尬的局面。孙老师看情况不对，说一句"行，不交可以。明天如果我在班级，你们就不用在了"。这是明智的撤退。

田老师遇到学生不听指挥的时候，几乎毫不犹豫地就搬援兵（家长和班主任），这是缺乏自信的表现。而孙老师虽然也动用了家长这张"王牌"，却相对比较谨慎。

更可贵的是，孙老师有研究意识。他有两个问题提得非常好："两位男生都很自觉地交上来了，你们怎么就是不肯交呢？""是不是觉得我们就是不交，看你孙老师能拿我们怎么着？"这两个问题一提出，立刻就把问题深化了。说明孙老师不是主观主义者，在他脑子里，事情有多种可能，而不是只有一种可能（成心跟我过不去）。这属于发散思

维，不是线性思维。在思维方式上，田老师稍逊。

最可贵的是，孙老师能反思自我。孙老师这件事的处理，应该说也算成功，但是孙老师自己却对自己很不满，甚至说自己"威胁"了学生，反观田老师，事情处理的不算成功，只是用外力把学生压住了，却自认为是胜利，反思精神也略逊一筹。

那么孙老师的处理是不是就无懈可击呢？我以为也不是。

我要是遇到此种情况，就不会当众让学生交出收音机，这太冒险了。我当场只会要求他们先收起来，课下再找他们谈。既然宣布过要没收，那还是要收的，可以答应他们第二天就还，要他们以今后不在教室听为交换条件，估计不会有多大障碍。然后我就拿着这四台收音机到教室向同学展示一下。此事就可以告一段落了。

但是事情并没有完。平时表现不错的学生，竟然违反校纪班规，上课听音乐，而且竟敢瞪眼不交，说明他们的心态已经很压抑，"豁出去"了，这是一个危险的信号。所以班主任应该及时找同学询问，了解下情况，想办法在百忙之中组织点学生喜欢的活动，让他们发泄一下。否则不但影响学习成绩，弄不好还要发生其他事情。

学生要求不告诉家长考试成绩怎么办

张老师遇到了这样一件事：要召开家长会了，好不容易发动学生布置完会场，走进办公室刚端起茶杯，突然有五位学生跑到办公室里来，原来他们一致要求张老师在家长会上不要把他们的真实成绩告诉家长。其中还有一位是学习成绩比较好的班长小明（他在这学期考试中考了第五名，比原来后退了三名）。张老师心里很着急，这可怎么办？

许多班主任都会碰到类似的事情。在成绩的巨大压力面前，我们的孩子无所适从。不把真实成绩告诉家长吧，家长有必要知道这些啊；告诉了家长，孩子在压力面前会不会做傻事呢？面对学生要求不要将真实成绩告诉给家长的难题，我们该怎么办呢？

首先，教育学生树立正确的成绩观。

老师必须帮助学生树立正确的考试观，要让学生知道：只要有考试，就有高低之分；成绩并不主要是为了划分优生和差生，成绩在一定

意义上是知识掌握程度的反映，是学习水平的体现。我们追求的应该是获得成绩的过程，而不是结果本身。众所周知，体育竞技的整个过程都是公开的，选手水平很高但临场发挥失常的情况经常出现，选手的心里是不是很受伤？是不是因此就要取消体育比赛成绩的公布，或者让其在没有观众的情况下举行？如果在考试前确实是认真学习的，哪怕成绩真的不理想，也应该可以坦然面对。老师要通过各种形式，让学生真正理解考试的作用、成绩的意义，杜绝考前不认真复习、考中作弊、考后回避的现象。

其次，要求家长树立正确的成才观。

孩子的压力是多方面的，其中很大的一部分压力来自于家长。因此我们有必要经常与家长沟通，促使家长也能够正确地看待孩子的分数，从而获得家长的理解和支持。我们必须促使家长树立以下的观念：①关心孩子的学习，不要只关注他分数的多少、名次的高低。成绩和名次一定程度上反映了孩子的学习情况，但成绩出来已是事实，我们应该和孩子一道去分析成功的经验和失败的教训，以利于下次能有所提高，这才是正确的态度。②孩子的学习很重要，但孩子的心理、行为更重要。从小处来说，良好的行为习惯与学业成绩总是成正比的。从大处来说，孩子的品格、素质会影响其一生的为人处世。特别是我们的学生正处于少年与青年、幼稚与成熟间的分界点，变好与变坏往往在一念之间。我们对此绝不能放松警惕。③学会学习更要学会做人。只有学会做人，才能更好地进行学习。学习首先要学会做人，学会团结同学、尊敬师长、尊重他人、孝敬父母，培养一个健康良好的心态，同时也要培养一个科学的学习习惯，充分利用好有限的时间，提高学习的效率。在一定程度上，一个学生的行为习惯的好坏、道德水平的高低、心理素质的健全与否直接影响学生的学习过程和学习成绩。

再次，教师要掌握适当的处理技巧。

学生的情况是千差万别的，家长的心态也是多种多样的，所以班主任在碰到学生要求不要把真实成绩告诉家长时，处理的时候也要因人而异，视情况而定。

其一，和学生交流不愿意把真实成绩告诉家长的原因，教育学生要敢于承担责任，做个诚实的好孩子，根据学生的实际情况，教给他们用比较恰当的方法把自己的成绩告诉给家长。其二，如果一个学生成绩一

直不错，这次考试却出现了不太好的情况，这时候，班主任应该跟学生家长联系，并且向家长作好解释工作，共同探讨孩子此次考试失败的原因。其三，如果一个孩子的成绩一直不太好，这次仍然如此。在这种情况下，班主任要对学生进行鼓励，并帮助学生进行分析，没有必要再通知家长，给学生造成更多的心理压力。此外，如果孩子的压力确实太大，班主任也可以暂时不要把真实成绩告诉家长，同时教育学生要敢于面对困难，吸取教训，下次考好。

其实，大部分家长对自己的孩子还是心中有数的。在发布成绩的时候，我们可以摘抄一些家庭教育方面的文章，让学生把这些文章带给他们的父母看。同时，家长肯定都希望看到自己孩子的成长，因此班主任应该多看到学生的长处，并想方设法让学生家长一起看到学生的长处，让家长和老师的共同鼓励和期望的眼光带给学生积极向上的力量！

女生之间发生摩擦怎么办

班主任如果注意观察的话，可以发现女生之间经常发生摩擦。由于女生的身心特点，女生之间单纯的摩擦可能会演变为两个女生小团伙之间的摩擦，小摩擦也可能引发大冲突，这样就不利于班集体的发展，也不利于学生身心健康发展，如何协调女生之间的摩擦呢？

首先，旁敲侧击，了解情况。

两个女生发生摩擦以后，大多会向各自的好朋友倾诉并指责对方的不是，而且具有一定的隐蔽性，班主任大多不知道此事，因而班主任要善于观察，旁敲侧击，一经发现要及时解决，避免事态扩大。如某班有两位各方面表现都不错的女生，彼此之间竞争十分激烈。甲女生不满乙女生处处得到老师的"关照"，也不满乙女生那骄傲的样子，因此想"整"她一下。甲女生在乙女生不知情的情况下，私自拿了乙女生一本学习参考书，并用剪刀把它剪碎后扔掉。乙女生找不到那本书，通过某某同学"告密"，知道是甲女生所为，就向其他同学诉说甲女生的"缺德事"。后来乙女生的父母知道后也加入其中，向女儿同班同学的家长倾诉。最后，班主任从家长的言语里才知道此事，急忙调解，但此事已在甲女生心里留下了阴影，一段时间内她羞于见人。如果班主任能早点从其他同学那里知道情况，就不至于对学生的心理造成影响。因而班主

任应该细心观察，及时发现学生之间的摩擦，并作出反应。

其次，发现火花，降温处理。

女生之间发生的摩擦，如果不及时消除，冲突可能越来越大，因而班主任要及时了解情况，加以引导，把矛盾化解。如某班有一女生脚有一点跛，心里老是认为同学看不起她，因而常常过分自我保护。慢慢地好朋友和她疏远了，她越来越孤僻。班主任发现后就跟这位女生谈心，还找她以前的好朋友谈，引导她们彼此看到对方的优点，告诉她们友谊的珍贵，很快她们又成为好朋友了。

再次，互补共进，愉快合作。

为消除女生之间的隔阂，要创造机会让她们相互合作，并在活动中建立友谊。如某班班主任把发生过摩擦的两位女生叫到办公室，对她们说："学校要举行黑板报评比活动，你擅长画画，你擅长写字，我相信你俩合作，一定能取得好成绩。老师把这任务交给你们，你们一定要为班级争得荣誉。现在你们就去商量一下怎么做。"这两位女生虽说心里还是有点"心病"，但为了共同的目标，一会儿分工找资料，一会儿商量怎么排版，齐心协力，结果在评比中获了奖，为班级争得了荣誉，班主任又特意在同学面前表扬她们为班级争了光，表扬她们合作得很好。两个人从此经常合作，互相帮助，成了真正的好朋友。

学生上课打架怎么办

学生上课打架属于严重的"违纪"行为，在日常教学中较为少见，具有突发性，严重干扰教学秩序，常常让班主任和教师猝不及防。有经验的教师会在最短的时间内平息冲突，基本不影响这节课的教学进度。

学生上课打架通常是发生在两个时间：刚上课的时候和上课过程中。

（一）如何处理刚上课时的打架

刚上课时发生的打架，一般是学生在课间休息时斗嘴打闹引起的矛盾激化，忘记了马上就要上课，双方互相撕扯继而开始动手。这时上课铃响起，但教师还未来到教室，双方边打边进教室。教师来到教室时看到的情景与往日不同，学生乱成一锅粥，打架的、拉架的、叫喊的吵

破天。

我见过两个老师处理这类突发事件。一个是男教师，另一个是女教师，两人的处理方式有所不同。

一次，预备铃响过后我去上课，路过初一年级某班。离着老远，就听到里面乱成一团。女教师某某三步并作两步跨进教室，拿起板擦用力敲打讲桌，大声喊："疯了吗你们！不愿上课的滚出去！"

她的声音既尖又高，令看热闹的学生纷纷回到座位。但两个打架的男生仍不歇手，她跑过去，一边用力拉开双方，一边喊："要打，滚出去打！"拉开双方后，把这两个互不服气的男生推出了教室。

还有一次，是一位块头较大的男教师。他也是去上课，听到教室的叫喊敲打声后，马上跑进教室。见两个男生在教室后排打成一团，课桌凳歪倒在一边，就一个箭步冲过去，一手揪住一个学生的衣领，把两个打架的男生拖出来，往教室门口一推。这时其中一个男生不服气，还想对另一个男生动手，让男教师一拳打在胸脯上，往后踉跄了几步，没了脾气。

这两位教师对事件的处理，值得肯定的是及时果断地制止了打架，但两人又各有处理的不妥之处。女教师的处理语言欠文明，像让学生"滚出去"这样的话语，显然不应该出自教师之口。男教师的处理行为不够文明，动手打学生，侵犯了学生的人身权利。而事情远远没有严重到要教师动手的程度，教师动手的原则是自身受到伤害或遭受攻击的威胁。但在整个过程中并没有出现这种伤害或威胁。

教师的理性处理应当是这样的：

教师到教室后，立即喝令全体学生回到自己的座位，并迅速过去将斗殴的学生拉开，让他们脱离接触停止互相攻击，回到各自座位。如果其中有谁仍不肯罢休，教师要厉声警告他注意考虑事情的后果。

在打架学生回到自己座位以后，教师应对他们说："你们的问题下课后再处理。"然后对全体学生宣布，"现在我们上课！"

在最短的时间内平息冲突，不当堂"评判是非"，留待下课以后解决，尽快使全体学生迅速转入学习状态，将课堂损失减小到最低程度。这是处理此类事件应当遵循的基本原则。

（二）如何处理上课过程中的打架

上课过程中的打架，往往是发生在教师背对学生板书的时候。某些学生会趁这个机会给予与他发生矛盾的同学一拳或一脚，对方还以拳脚，不想出拳过重，结果双方站起来大打出手。这种打架不同于刚上课时的打架，不会造成全班性的混乱。

有一次上课时间，我从教学楼前走过，见两个男生在他们教室门外贴墙站着。两人脸上脖子上都有抓扯打斗留下的痕迹，而且目露凶光喘着粗气，显然刚刚发生过殴斗。一位女教师生气地俯身指着这两个初一学生，大概在批评他们不该上课打架。看看教室里面，学生静悄悄的，有几个坐第一排的学生在伸头往外看。

我感觉这位女教师不应该把上课放在一边，抛开班里的大多数学生而专门来处理打架事件。对上课过程中发生的打架事件，教师可以参照前面处理"刚上课时发生的打架事件"的办法来处理。

处理这类事件，教师要注意的是：万不可当堂了解事由，评判是非；下课后，也万不可因冲突已经平息而对打架之事不再过问。

学生有攻击行为怎么办

我们先看一个案例：

我刚接手一个班两天，就有学生向我告状，班上的明明不是昨天打了这个同学一拳，就是今天踢了那个同学一脚，大家都在背地里叫他"小土匪"，才五年级的孩子就敢欺负六年级的学生。这不，就因为他借同桌女孩的铅笔而人家没借给他，他就一气之下把女同学的铅笔盒给扔到了垃圾筒里，嘴里还嚷嚷着："有什么了不起的！敢不借给我？那你也别想用，抠门儿！"现在我最头疼的就是这个孩子，简直就是个小混混。据说他的家庭很复杂，母亲在他很小的时候就去世了，父亲再婚，继母又带来了一个弟弟，他的继母对他还是不错的，可是他在家里谁的话也不听，还常打他的弟弟。他的父亲觉得他早年失去母亲，所以很多时候也迁就他。我想找他的家长谈一谈，希望能和他的家长一起来帮助这个孩子，可是我不知道我该具体做些什么。

从上述情况来看，这个孩子的行为应该属于攻击行为。有攻击行为的孩子，他的一生都会受到影响。如果攻击行为延续至青年和成年。就会出现人际关系紧张、社交困难等问题。另外，攻击行为与犯罪有一定关联。心理学研究表明，70%的少年暴力罪犯在儿童期就被认定为有攻击行为。也就是说，从小攻击性强的孩子，如果不注意克服和制止，长大后容易走上违法犯罪道路。因此，如果孩子经常出现攻击性较强的行为，教师切不可掉以轻心，必须及早予以矫治。有些学生由于情绪不稳定，自尊心极强，自制力不足，遇到刺激，容易迁怒于人，经常表现为采取攻击行为。

一般来讲，产生攻击行为的原因有以下几方面：

1. 遗传因素。

2. 家庭因素。有些家长习惯于用暴力惩罚的方式来教育孩子，结果孩子也以同样的方式来对待其他儿童，表现出攻击行为。如有的家长只要孩子做错事，就不分青红皂白地打他一顿。孩子挨打以后，容易产生抵触情绪。这种情绪一旦被"转嫁"到别的人身上，就易找别人出气，逐渐形成攻击行为。又如有的家长对自己的孩子说："如果有人欺侮你，你要狠狠地揍他。"在大人的纵容下，孩子容易发生攻击行为。

3. 环境因素。美国心理学家班杜拉通过一系列实验证明，攻击是观察、学习的结果。由于儿童模仿性强，是非辨别能力差，因此，孩子很容易模仿其周围的人或是影视镜头里人物的攻击行为。有资料表明，经常看暴力影视片的儿童，容易出现攻击行为。如果儿童经常看暴力影视片、武打片，玩暴力电子游戏，会使孩子的攻击性心理得到加强。

值得指出的是，如果一个孩子在偶然几次的攻击行为后，得到了"便宜"，尝到了"好处"，其攻击行为的欲望会有所增强。若再受到其他孩子的赞许，其攻击行为就会日益加重。

在教学实践中，为了有效地避免学生的攻击行为，以减少攻击行为导致的偶发事件，教师可以从以下几方面入手：

第一，引导学生树立正确的挫折观。攻击是挫折的结果，挫折的存在并非总是产生攻击。要教育学生在遇到挫折时要面对现实，承认挫折，正视挫折，认真冷静地分析挫折，把挫折对个人的打击当作磨炼自己的好机会，积极地迎接挫折的挑战。为此，教师应根据中小学生心理发展的年龄特征和个性差异采取有效措施，有针对性地对学生进行意志

锻炼，引导他们用坚强的意志力来调节和控制自己的情绪和行为。

第二，创造不利于攻击行为的环境。实践证明，生活在一个有良好家庭气氛、有充裕玩耍时间以及有多种多样玩具环境中的孩子，攻击行为会明显减少。班主任应提醒家长为孩子提供足够的玩耍时间和玩具，不让孩子看有暴力镜头的电影、电视，不让孩子玩有攻击性倾向的玩具，不在孩子面前讲有攻击色彩的语言。

第三，去除攻击行为的奖励物。如果孩子打了人，家长不制止，打人就成为攻击行为的"奖励物"，使孩子觉得打人并没有什么不对，以后还可以去打别人。所以，班主任应告诉家长，当孩子出现攻击行为时，家长要及时处理，使孩子认识到什么行为是错的，应该怎样做才对。

第四，教孩子懂得宣泄情感。烦恼、挫折、愤怒是容易引起攻击行为的情感，因此班主任要教会孩子懂得宣泄自己的感情，把自己的烦恼、愤怒宣泄出来。

第五，培养孩子丰富的情感。有些孩子见到小动物，会去虐待它，以发泄内心的愤怒。班主任应告诉家长可以让孩子通过饲养小动物来养成孩子的爱怜之心。这种鼓励亲善行为的方法，是纠正孩子攻击行为的一条行之有效的途径。

第六，对孩子的攻击行为"冷处理"。所谓"冷处理"，就是在一段时间里不理他，用这种方法来"惩罚"他的攻击行为，如把孩子关在房间里，让他思过、反省。这种方法的好处在于不会向孩子提供呵斥、打骂的攻击原型。如果把这种方法与鼓励亲善行为的方法配合使用，效果会更好。

第七，引导孩子进行移情换位。心理学的研究表明，攻击者在看到受害者明显痛苦时，往往会停止攻击。然而，攻击性很强的人则不然，他们会继续攻击受害者。这是因为他们缺乏移情能力，不会同情受害者。班主任应配合家长从小培养孩子的移情能力，告诉孩子，攻击行为会给别人带来痛苦，导致严重后果。再让孩子换个位置想想，如果你是受害者，那么，你将会有怎样的感觉和心情呢？让孩子从本质上消除攻击行为，这是一种很好的方法。

第八，进行行为训练。利用专长，委以重任，班主任可根据学生喜欢自我表现、责任心强等特点，让他担任班上的体育委员或劳动委员，

明确职责并讲明他的表现好坏关系到全班、全校的荣誉。这样让他有事可做，转移其注意力，改善其人际交往的环境，行为上得以正强化。

学生哭闹不上学怎么办

一位老师讲过这样一件亲身经历的事：

今年我担任一年级班主任，新一年的学生提前三天开学，进行行为养成教育，九月一日正式上课。

九月二日的早晨，我早早来到了班级打扫卫生，学生也陆续到校了。突然，班级的门口传来哭声，接着就是关门声，孩子的喊叫声。我惊异地走过去，只见我班一个叫王畅的同学背个书包，满脸泪水，鼻涕流得很长，手拽着门把手，嘴里嚷着："妈——妈——，我不上学，我跟你回家。"有个叫张岩的男同学背靠着门不让她开出去的门。我看到孩子这般哭闹便弯下腰问王畅："王畅。怎么了？"她哭着说："我想妈妈，我要跟妈妈回家。"这时张岩同学抢着说："老师，王畅在学前班时就爱哭。"旁边围着的学生七嘴八舌地反映王畅从前的表现：上课想来就来，想走就走，平时稍不顺心，就大哭大闹，且没完没了，谁说都不行……好一个任性的孩子！我问王畅："王畅，是谁送你来的？"王畅哭着说："我妈送的。"张岩又说："她妈送她来的，她在学校门口哭着不进来，她妈硬把她拉进来，推进屋，关上门就跑了。"

就这样，家长把哭个不停的孩子扔给我回家了。这一天，王畅在自己的座位上，连书包都不肯放下，哭了两节课。当孩子哭泣时，我告诫自己不能急躁，要冷静，要耐心。课间操，我终于把她哄好了，我长长地叹了一口气。孩子为什么不爱上学呢？为此，我向教王畅的学前班老师进行了询问，弄清了造成孩子不爱上学的原因：由于父母对孩子的百依百顺导致孩子难以离开父母，依赖心理特别强，不能适应学校生活，对学习无兴趣，缺乏自信心。

次日的早晨，王畅还是重演昨天的情景。我与王畅的妈妈进行了电话交谈，她妈妈说，王畅不爱上学，在学前班就总哭，这回以为孩子上一年级了，不会像以前了，可是现在还是老样子。为此，她的母亲也很着急，王畅的妈妈也知道过去对孩子太溺爱了，造成了孩子孤僻、任性

的性格。

有一天早晨，她还是哭个不停，趁我忙着收学生午餐费的时候，她跑到校园里去了，我连忙追了出去，她竟然躺在地上撒泼不起来。这时，德育处主任闻讯赶到，我们一起把孩子带回班级，经过多方哄劝，总算回到了座位，但还是不停地哭。

王畅经常的哭泣引起了学生及家长的不满，觉得影响了其他同学正常上课，学校和老师应该想办法，不能这样下去。有个同事见我被王畅的事急得口腔溃疡病复发，便对我说："王畅是借读生，学习又不好，给班级的纪律和学习拖了后腿，建议学校让她转学算了。"我也曾有过这样的念头，可每当我看到孩子那无助的眼神，看到家长那无奈的表情，我怎能忍心这么做呢？

我安慰班级的其他同学，希望同学们同情、理解王畅现在的心情。我积极和家长沟通，希望得到家长的理解和支持，并向家长保证一定在近期解决这一问题。

王畅是刚入学的新生，和几岁的孩子讲道理是解决不了问题的，一味地批评也不是良策。我觉得只有先让她接受我、信任我她才能听我的话。我开始像妈妈对待孩子那样对待她。下课了，我和同学们拉着她、拥着她到操场做"老鹰捉小鸡"的游戏。来到操场上，我问她："王畅，老师扮母鸡，你扮老鹰还是小鸡呢？""我当小鸡。"王畅说。"好！鸡娃娃可要跟紧妈妈，不要让老鹰抓去啊！"老母鸡带着小鸡们与老鹰展开了激烈的战斗，操场上回荡着孩子们愉快的笑声。别的老师上课时，我就坐在她身边，不时拉拉她的小手。自习时，一发现她哭泣就把她拉到我的身边给她讲故事。我上课时，当她哭个不停时我就说："王畅，昨天老师给你讲的故事还记得吗，那个小孩多勇敢呀，你能像他那样吗？"王畅使劲点了点头，哭声就小了。我要发作业本，就说，"王畅快来帮老师发作业本。"她边哭边发，遇到不认识的名字，她就会停下来问："老师，这是谁的？"

起初，王畅上学进教室连书包都不肯放下，我先依着她，然后慢慢开导她。"1＋1＝？王畅会做吧？把书包放在桌上，来跟老师上黑板写出得数。"她写完了，全班同学和我一起鼓掌，她咧开嘴笑了。每当下午放学了，我就牵着她的手走在队伍前面，我总是在家长面前夸一夸王畅点滴的进步。一个月后，王畅不是天天哭了，再后来偶尔哭一次，如

今她彻底改了哭的毛病，并且爱上学了。

　　小学低年级学生在行为上常常有任性的表现，任性的孩子缺乏自制性，主要是随心所欲，一旦自己的欲求得不到满足，便用各种形式进行发泄，以便引起别人的关注来实现自己的欲求。这个故事就说明了这点。

　　案例中的老师在新生入学时，遇到了哭闹不止的学生，经过调查了解，知道了这是一个性格孤僻、任性的学生。面对这个自我意识缺乏的孩子，老师能够正确地对待孩子的任性行为，分析了孩子哭闹的原因。王畅是独生女，父母非常溺爱她，造成了她以自我为中心的心态，造成了性格孤僻、依赖父母的心理。当她进入小学时角色发生了变化，而她却没能做好适应学校生活的准备，家长在这些方面也没能给予合理指导，导致她不能适应学校生活，由此引发不爱上学，时常哭闹等现象发生。

　　针对这一特殊学生，老师采取了一系列方法对其进行教育和疏导。

　　首先，心理抚慰法。发现孩子闪光点，多表扬，多鼓励，让孩子感受愉悦。如师生鼓励的掌声让她产生自豪感从而转变了她忧伤的情绪，在家长的面前经常表扬，增强了学生的自信心。

　　其次，情感转移法。下课时老师和同学们拉她一块做游戏，使她减少对母亲的依赖感，增强对老师同学的亲近感；当孩子又要哭泣时，让孩子发作业本、老师拉她的手给她讲故事等，转移她的注意力，分散她伤感的情绪。

　　再次，自我调控法。激励王畅向他人学习，不向困难低头，敢于战胜自己。

　　从以上案例中老师处理问题的方式上可以看出其教育观念的更新，教育行为的改变。她对儿童的行为偏差不再从现象上简单化地从品德方面进行归因和评价，而是更加注重以民主、宽容的态度对待学生，在教育教学活动中积极自觉地促进学生的心理健康，采用多种矫正方法对学生的行为偏差进行疏导与调整，值得班主任们学习和借鉴。

学生逃学怎么办

小军是五年级的学生，可他对上学一点也不感兴趣，只是因为父母管得严，他每天只好极不情愿地到学校去。今天恰好父母都出差了，走到上学路上，他便骗送他上学的姥姥说肚子疼，结果成功地逃了一天学。

逃学是学生想摆脱学校教育的叛逆行为，虽然这种行为在学生中只是个别现象，但却是令班主任非常苦恼，又迫切想解决的问题。造成学生逃学的原因有很多，有家长的原因、学生自身的原因、教师的原因。那么，作为班主任该如何来应对学生逃学呢？

逃学是学生厌学的极端表现，有错综复杂的原因，教师一定要防微杜渐，找准原因，对症下药。学生因学习差逃学的，教师可对其降低学习要求，减少作业量，使其完成力所能及的学习任务；学生因家庭变故，缺少家庭温暖和管教而逃学的，教师要扮好父母的角色，给予学生温暖和爱抚，让孩子回归班级这个大家庭；学生因缺乏自律，坐不住也闲不住，甚至上网成瘾而逃学的，教师可通过丰富多彩的班队活动，把学生吸引到班集体中来。

有逃学倾向的学生往往经受不住外面的诱惑，常常进了教室放好书包又会逃到外面去玩。为了防止这一情况的发生，班主任可以委派几名责任心强的学生与他结对子，既帮他解决学习上的困难，又可以"管"着他，使他没有机会逃到外面去。

班主任还要经常与家长沟通，共同探讨孩子逃学的原因，认识逃学所带来的危害，让家长加强对子女的管教。班主任可与家长商定，每天由家长亲自送孩子上学，这样就可防止孩子在路上由于贪玩不到学校上学。另外与家长建立电话联系，传递家校联系卡等也是不错的方法。

学生要去见"网友"怎么办

我们的时代已经进入了互联网时代，网络已经深刻地影响了我们的

生活，也影响着我们的学生。那么，作为班主任，我们应该怎样应对网络对学生的影响呢？有这样一个案例：

那天，我正在看报纸上的一则新闻，讲的是几个年轻的女孩子被网上朋友骗出去，结果被迫卖淫的事情。一个值日生就悄悄地告诉我："你还看报纸呢！我们班上的刘英都准备见网友了。"

"是吗？""什么时候？"

"听女生说，可能就在这个周末。刘英正拿不定主意。"

"老实说，你们男生中间有见过网友的吗？"我问。

"我不知道……也许有吧。……也不一定。"他有点闪烁其词。

好了，我知道了。这已经是一个带全局性的问题了，单独处理已经不能够影响全班了。我决定在班上开一个与网络有关的主题班会，以表演形式，把约见网友的事情摆出来，大家商量，看看到底怎么办？我把班干部找来，把值周文娱委员和宣传部长找来，和他们一起商议主题班会的召开，而且，时间就定在星期四——之所以选这个时间，是想帮助刘英顺利地处理好见网友的事情。班会之后还有一两天，够她准备和决定了。

对于学生交友这一类事情，阻止还不如疏导。你越不准的事情，也许他越觉得刺激，反而做得津津有味。所以，先不直接做思想工作，让他们自己意识到问题的严重性，你的思想工作就好做了。

群众的力量是无穷的，只要你发动了学生，事情就好办了。仅仅两天时间，班会就如期召开了。尽管准备的时间短，但是内容十分丰富，毕竟孩子们都与网络有过"亲密接触"。班会有初次接触网络的新鲜故事，有正面的科技知识宣传，有网虫辛酸经历的演绎，有网络骗局给孩子们的身心伤害，有真诚的网络故事，其中有一个学生引用网络上的一则新闻改编成了一个令人伤心的教育故事：广东的一个 16 岁的女生，约见网友后，被网友强迫发生了性关系，染上了性病，但是她连网友真实姓名是什么，做什么工作的都不知道……班会内容表明，在法制和道德还没有对网络起到足够的约束之前，网友见面是一件非常危险的事情。

我也上台讲了话，我把新闻故事搬上讲台，组织大家讨论：如果网友约我们见面了，我们该怎么办？讨论的时候，我注意观察着刘英的神情。我发现，这次班会，她意识到了什么。讨论之后，我把同学们的意

见汇总，主要表达了下面一些内容：

（1）建议班上同学，最好取消没有安全把握的网下约会。因为，在网络上，谁知道对方是好人还是坏人？尽管现在有了视频头，能够知道对方是男是女，但是，坏人是不贴标签的啊！如果没有安全把握，一定不要约见网友，尤其是异地网友，一定不能够见。我把它总结了一下，作为制度定了下来。

（2）如果不能够劝阻，就给他们想好应付最糟糕局面的办法。这是学生自己提出来的，因为有很多男生主动见过网友，也有被网友欺骗过的经历，有的同学还被网友敲诈过，甚至还挨了打，所以他们的讨论很有说服力。他们说，见网友最大的危险就是被抢劫和绑架。如果万一发生了这样的事情，一定要及时报警。最好的办法是，多组织几个同学一起去见网友，自己人多，别人自然不能够乱来。如果万一自己的人手不够，想办法报警是惟一出路。不要跟着网友跑，万一出事就没有办法。要网友顺着自己的路线走，不然就拉倒。记住，绝对不能够单独会见网友。

（3）如果班主任不怕辛苦，可以亲自参与一下。他们认为我有办法，老实承认，我不比他们聪明，但是我比他们有理智。"如果你们不嫌弃，我想我最好能够参与到你们的活动中来。"我说。有成年人参加，即使是坏人，也会识相地收敛，因为他们知道，我们已经有了准备。

（4）告诉他们，一定不要与家长、老师失去联系。有一个故事，说一个女孩子初次约见网友，事先与朋友约定，如果半个小时后他们失去了联系，就马上报警。结果由于网友的车误点，没有及时赶到，等他们见面的时候，已经被警察包围了。故事很有借鉴意义，与家长、老师取得联系，是给自己安全系上最后一道保障。千万不要贸然行动，不然，吃亏的就是自己。

整个讨论中，刘英始终没有发言，但是眼睛瞪得很大，我知道，她在进行激烈的思想斗争。如果她胜利了，应该就会在课后找我的。果然，晚自习的时候，她跟我谈了自己的想法，并且，通过我的电脑，告诉网友不要见面了。如果有缘，以后的日子长着呢！

我终于放心了。

这个故事启示我们，如果学生要见网友，以下几点值得注意：

（1）建议学生，最好取消没有安全把握的网下约会。

（2）如果不能够劝阻，就给他们想好应付最糟糕局面的办法。

（3）如果你不怕辛苦，可以亲自参与一下。

（4）告诉他们，一定不要与家长、老师失去联系，绝对不要单独会见网友。

女学生怀孕了怎么办

当今社会有一个越来越让教师和家长尴尬的问题——未成年女生怀孕。

尴尬归尴尬，但如果发生了就要勇敢面对，那么，作为班主任，我们该怎么做呢？

不妨先来看一个案例：

当医院医生宣布，才14岁的学生唐小梅（化名）的腹痛是因为怀孕了，而不是什么别的原因时，我第一个感觉就是头痛。要知道，无论是哪个班主任班上摊上这样的事情绝对不是好事情。怎么办？我马上将此事向学校主要领导报告，并要求在不把消息泄露出去的前提下，请求学校派人帮助。

下午，我和政教部门的老师把"出事"的女生护送到孩子家中。她父亲的第一个反应就是要将孩子暴打一顿，孩子的母亲则在无声地哭泣，然后，他们一致将矛头对准学校："肯定是哪个混账家伙干的！你们学校要负责，我的闺女才14岁啊！"

我劝他们冷静，先把孩子稳定住。后来，小梅哭哭啼啼告诉我们，是在她爸爸厂子做工的一个打工仔，他们在父母眼皮子底下发生关系已经有半年了，她自己也不知道怎么会这样。知道事情原委的家长火速喊人去抓肇事者，那家伙已经得知风声，连工资都不敢要，脚板抹油——溜了！怎么办？孩子是绝对不能够生下来的，我当即和家长商量，决定唐小梅在家休息半个月的假，对同学们就说是身体不好，把消息封锁。家长负责和医院联系，做好人流手术。

事情暂时告一个段落，但是我心里担忧的事情还没有完。既然有第

一个"唐小梅"怀孕，就会有第二个"李小梅"、"张小梅"怀孕，关键是以后该怎么办？

随着物质生活条件的不断提高，当代青少年性生理发育年龄已经提前到 12~13 岁，尽管我们不告诉他们性是什么，但是网络、电视却充当了导师，大量的言情、色情生活渲染，已经告诉他们性生活是怎么回事了。这些声色娱乐的引导，却没有告诉他们该怎样保护自己，因此婚前性行为增加导致的"少女怀孕"现象已经成为社会公共卫生问题。目前全世界每年约有 1400 万青春期少女生育（其中多数是非意愿性妊娠）、440 万少女堕胎。2003 年世界人口日主题确定为"青少年的性健康、生殖健康和权利"，就是在这种大气候下不得已提出的口号。

该怎么保护她们？除了禁止以外，就是帮助她们如何善后。但是据我了解，目前我国也仅仅只有重庆市成立了"少女意外怀孕紧急避孕援助中心"，如果有少女发生无防护性行为，一周内均可到这里进行紧急避孕，援助中心将免费提供避孕的药具和器具。如果少女不小心已经怀孕，在援助中心也不会受到责难，还会帮助她们做好人流手术。该中心成立 5 个月来，先后有 200 多名意外怀孕的少女前来求助，年龄最小者仅 12 岁。据这家医院统计，1998 年，到医院做人流的人群中，未婚青少年占 13%，如今这个比例上升到 33.6%。

问题是我们这里没有这样的组织机构，学生已经怀孕了，该怎么办呢？

首先是做好保密工作。尽管社会对于性的看法比过去宽容了，但按照传统道德观，少女怀孕仍是不光彩的事，所以她们宁愿拖着，也不愿意冒险告诉父母。我常常对学生讲，老师是你永远的保护神，实在有什么灾难逃不过了，就告诉老师吧，我将在给你们保密的情况下，努力帮助你们。千万不要自己胡乱处理，生命比什么都重要！

如果学生有向你启齿难言的麻烦了，不要责怪她们，更不要把她们的痛苦说出去，消息仅仅保持在你和她之间就足够了。如果不是需要学校帮助，越少人知道越好。要知道，在这个时候，学生的心理是最脆弱的。如果你不做好保密工作，她们想不通了，采取什么过激的行为，后果将更加严重。没有什么比关爱生命更重要，这一点我们必须时刻记得。

其次是帮助她们应对糟糕局面。告诉家长是必要的，而且也是必需

的。但是一般情况下，学生都想瞒着家长。你要告诉学生，而且这个思想工作一定要做通，父母有权利和责任知道这件事情，隐瞒不会带来任何好处。我们需要的是如何勇敢地正面应对它，而不是躲避。如果学生感到害怕，你可以在向家长说明之前，尽量地通好气，告诉家长，事情已经发生了，埋怨已经没有作用，只有想好如何善后才是最好的出路，生命比名声更重要。然后和家长一起，找一个理想的正规医院把手术做了。

上面两点都是事后诸葛亮，其实关键是预防。我们要加强青少年青春期生理卫生健康及性知识教育。这可以分开教育，男生由男老师组织，上几堂性知识方面的生理卫生课。不要害羞，也不要怕，要知道我们在正面的课堂上不讲，网络、影碟和电视，会占据我们更大的反面阵地。女生则由女生辅导员组织上课，除了告诉她们必要的性生理知识外，还要告诉她们如何应对性生活中的怀孕事件，最好坦然地把避孕知识告诉她们。澳大利亚的女生到了12岁，学校每周发给她们一个避孕套，我们告诉女孩避孕的知识有什么不可以的呢？不要等到报纸上报道某校女生因为怀孕自杀了，某大学女生因为到地下诊所流产死亡了，才把这些东西告诉孩子们，那时就太迟了。

最好，明确对学生提出要求，拒绝婚前性行为，这是青少年应该做的事情，也是最基本的道德操守之一。我们在教给学生性知识的同时，不教给他们性心理知识和进行性道德教育，仍然是跛着脚走路。

学生离家（校）出走怎么办

我们经常在新闻媒体上看见学生离家出走的消息。考试没有考好、被老师批评得重了些、与父母产生了争执等等，都可能成为孩子离家出走的原因。

那么，面对学生离家出走，班主任应该如何应对呢？

我们先看一则案例：

小兵的出走发生在四年级第二学期的一个下午。那天小兵没有佩戴红领巾，他一到校门口就被校礼仪队的值日生拦在门外。值日生想问清楚小兵是哪个年级哪个班的，然后反馈到所在的班主任那儿。小兵硬是

不肯说，而值日生又很坚持，双方就僵持在那里。正好陈老师巡视经过，问了情况后，耐心跟小兵解释。谁知，小兵反而对着陈老师大叫道："我就没佩戴红领巾，你们不让我上学，我不上了。"说完，扔下书包飞也似的跑了。

得到这个消息后，我和陈老师及其他几个同事立刻分头去找。直到夕阳西下，我终于在一条小河边上高过人头的杂草丛里找到了小兵。他居然在草丛里睡着了，而且睡得那样香甜，那样安心！他哪知道大人们一个个被他折腾得都要急疯了。看着他熟睡中安详的小脸，一刹那间，一种感动从我的心底蔓延开去……我没有叫醒他，而是以最快的速度通知其他人，告诉他们我已找到了小兵，叫他们不用担心。我仍旧静静地看着他酣睡的小脸，母性的温柔让我情不自禁潸然泪下，多安静的孩子啊，如果不是发生离校出走的"壮举"，谁会觉得他不可爱呢？我们的教育，尤其是我这个班主任的教育，问题到底出在哪儿呢？我沉思着……

其实，小兵发生出走跟他的家庭有着极大的关系。他爸爸妈妈关系不好，经常吵架。很多时候，他妈妈在吵架后就会一声不吭地离家出走，也不和家人联系，过一段时间就回来。爸妈因为自己的事都没处理好，就无心关爱他，整个家庭毫无爱意。所以，一旦谁没顺着他的意，小兵就用出走这种特殊的方式来引起父母，引起别人对自己的关注。

小兵以前有过几次离家出走。他的这次离校出走，引起我极大的心灵震撼与深深的自责。平日家访工作也做得比较多，对他离家出走也有所耳闻。离家出走本身就已经很严重了，自己却并没有深刻认识到这一点，只是简单地认为离家出走是从他家走的，出了问题跟我们老师没关系，多么肤浅的认识啊！非得离校出走，老师要直接负责任才有所行动。我为自己的浅薄而惭愧！我开始注重从根本上对小兵，对全班孩子进行教育。

我思忖着，我也许无法改变他的家庭状况，但我可以从别的角度给予他家庭无法给予的东西。他得不到家庭的温暖，我就让集体的关爱温暖他。我积极地给孩子营造一个大家庭的概念，让孩子喜欢这个大家庭，不愿意离开这个大家庭。我记住他的生日，在班上让全班同学一起和他过生日，我们为他唱生日歌，每个人都将生日礼物与生日祝福送给他，一起分享他的快乐。记得当时他的笑容最灿烂，虽没有对大家说什

么感谢等之类的客套话，但我发现他有了微妙的变化，他不像以前那样动不动就和同学产生矛盾了。

记得还有一次，我分别用繁体字和简体字写给小兵一个"爱"，给他看并分析告诉他"爱"是用心去爱的。为了弥补他缺失的家庭之爱，我经常利用合适的时间将他带到一些充满温馨的家庭中去，比如我自己的家，我姐姐的家，同学小鑫、诗佳、倩雯等家中，让他体会不同的家有着不同的爱，让他体会大家都是那么的爱他。

小兵喜欢动漫，画出来的漫画也颇有个性。我经常发挥他这一专长。比如，班上的黑板报让他负责漫画人物这一专栏。记得最清楚的是，有一次的交通安全专栏，小兵用他超凡的想像力，用一幅漫画恰如其分地诠释了不遵守交通规则带来的恶果，真是惟妙惟肖，给同学们留下了深刻的印象。还有一次，学校举办首届童话节，其中需要征集形式多种多样的童话作品，小兵别出心裁，用漫画的形式，配上他特有的个性化精练的语言解说词，将《丑小鸭》这个经典童话故事演绎得淋漓尽致，一举夺魁。老师的关注，同学的关注，让小兵越来越自信，离家出走的行为也彻底消失了。

一晃两年的时光过去了，小兵变成了一颗名副其实的闪闪发光的金子了！……

这是一个孩子离家（校）出走的问题。孩子无论离家出走还是离校出走，对家庭、学校来说，都是大事情。从孩子自身来说，一个人流浪在外，生活没有规律，基本的生活需求没有保障，远离父母、亲人、老师和同学，极易形成孤独感和恐惧感，进而产生情绪忧郁，导致一些心理问题的产生。他们还没有形成独立生活的能力，更不了解外面的社会，极容易染上不良习惯。从学校与家庭来说，孩子离家出走会给家长与老师带来沉重的心理压力与负担，影响正常的生活与工作。一个孩子离家出走了，一个家庭会因此而被毁灭。

因此，我们必须高度重视学生离家（校）出走的问题。

首先，具体分析学生离家（校）出走的原因。

1. 家庭矛盾对孩子的负面影响

孩子离家出走是矛盾积累到一定程度爆发出来的一种心理压抑问题。在这则案例中，小兵的父母关系紧张，经常吵架，两个人都无心关

爱自己的孩子。小兵在家里得不到温暖，就以这种极端的方式渴望引起父母的关注。这种情绪也使得小兵在学校稍不顺心就离校出走。

2. 学校教育的失误

学生离家（校）出走不仅仅是家庭教育不当造成，学校教育的失误也有不可推卸的责任。可以说，这种现象是由家庭和学校的共同教育失误所造成的。如果小兵离校出走的结果是没有被找到或是因为离校出走而出了问题的话，学校是脱不了关系的。从学校的自身利益出发，案例中的班主任老师一开始对孩子的离家出走就必须引起重视。一个学校，一个教师也许没有能力去挽救一个家庭，但如果我们的老师，我们的学校能让孩子感到快乐和自由，孩子是肯定不会出走的，至少是不会离校出走。

3. 心理承受能力弱

中小学生思想活跃、敏感但又缺乏控制力，最易走极端却又没有良好的自我调整能力，敢作敢为又盲目冲动，一旦受挫却又心理承受能力极弱。一旦各种苦闷烦恼无处倾诉，或稍遇挫折便离家出走。

其次，要使用正确的教育策略。

1. 重在预防

解决学生离家（校）出走问题的关键在于预防。班主任的家访不仅仅是了解情况，最重要的是要根据了解到的情况采取相应的解决办法。在上述教育案例中，小兵父母的家庭矛盾纯属私事，教师不方便插手，但这种家庭问题已经影响了孩子的心理健康，老师还是有必要从孩子的健康成长、孩子的前途出发，给家长提一些忠告。班主任在和家长沟通的同时还应及时对孩子进行专门的心理疏导。若家长和老师预防到位的话，小兵离家出走的行为将会慢慢消失。

2. 关爱学生

关爱学生应关注一些具体的细节。案例中当班主任意识到小兵离校出走的根本原因就是由于缺乏家庭的爱时，立刻想方设法从另外一个角度给小兵另外一种方式的爱——给孩子更多的关注！比如将孩子的专长转化为为班集体服务，当孩子知道大家都如此需要自己时，他会感到自己得到了别人的重视，就不会故意作出一些出格的事来引起别人对自己的关注。

3. 让孩子学会倾诉

每个孩子的成长都不可能是一帆风顺的，要告诉孩子，在学习生活中遇到挫折是难免的，最重要的是当你遇到挫折时，要学会把心中的苦闷和烦恼倾诉出来。同时，当孩子面临挫折时，老师和家长应主动与孩子交谈，安抚他们的低落情绪。如果动辄打骂、讽刺挖苦，孩子就不敢对老师和家长诉说。孩子内心的忧伤苦闷无处诉说，对生活产生悲观情绪，最终只能选择逃避。

4. 注意观察孩子的心理变化

由于年龄的关系，学生离家出走之前总会有一些迹象。有的会变得魂不守舍，经常走神儿，两眼发直，心事重重的样子；有的说话吞吞吐吐，做事犹豫不决；有的一反常态，变得格外殷勤等。总之，在这些孩子身上会出现一些不同往常的细微变化，这些现象往往就是孩子离家出走的征兆。老师要留心孩子的细微变化，以防微杜渐。

当然，在处理该问题时还应谨记：

1. 注意及时与家长作好沟通

家庭教育是学校教育的基础，家庭教育若出了问题，学校教育也很难做好。教师虽然不便介入家庭矛盾，但尽力从孩子的角度去和家长做沟通，家长还是会有所醒悟的，因为毕竟有时候"当局者迷，旁观者清"。小兵的家长在和老师的沟通中，或许会为了小兵的健康成长而有所改变，那么，小兵就不至于离家出走乃至离校出走了。

2. 注意及时了解学生的心理动向

一个孩子心理问题的出现，都会反映在某些具体的行为上。作为教师，应该有敏锐的观察力和分析能力，要根据孩子的行为掌握其心理动态，从而以最快的速度调整自己的教育策略，不耽误教育时机而又达到最佳的教育效果。

3. 注意孩子找回来后的处理：既不能打骂，又不能不闻不问

孩子出走被找回来后，老师和家长往往容易出现两个极端，要么打骂训斥，以解心头之"恨"，要么哄爱有加，生怕再跑，对出走的行为置若罔闻。这两种行为都不是解决小学生离家出走这个问题的有效方法。相反，老师和家长应把此类事件视作一个宝贵的教育机会，根据学生的不同状况采用相应的教育方法，使学生得到经验教训，并达到教育效果。

学生有自杀倾向怎么办

生命对于每个人都只有一次，人最宝贵的是生命，每一个人都有这样的愿望：让自己的生命之树常青。

然而，在现实生活中，却存在着让我们触目惊心的现象。

据某报报道，2007年1月10日晚7时许，江西景德镇市横跨昌江的一座浮桥下，11名中学生上演了一场悲剧：一名绰号叫做"小芋头"的学生，因为好友"冰冰"将随母去福建而心生烦恼，声称要跳河自杀，约朋友们在浮桥上见面。结果"小芋头"并未真正跳河，赌气的冰冰却跳进水中，其他同伴手拉手相救，但由于意外，5人溺水，3人被救起，冰冰和当晚在场的一名男生"飞飞"沉入江底。另据调查，我国15岁以下未成年人每年意外死亡有四五十万人，其中相当一部分是轻生自杀。个别"优生'，因挫折而跳楼，某些"后进生"因不堪重负而出走、轻生。

一条条鲜活而青春的生命就这样永远离我们而去，在悲痛和震惊之余，我们必须思考，作为班主任我们究竟应该怎样应对和处理该类事情？我们还是先来看一个案例：

偶然间得知勤曾几度想自杀的秘密，这让我胆战心惊。勤是个朴实勤奋的女孩子，但在14岁那年便萌生了轻生的念头。参加中考前，她暗下决心，如果考不上重点高中就去死，结果天遂人愿，她如愿以偿。然而上了重点高中后，由于学习不得法，高一第一学期期末考试有三科挂了红灯。这对勤来说如同在她早已留下的伤口上又撒了把盐，她觉得头上似乎没有一片蓝天，阴霾压得她喘不过气来，于是她再一次想到死神那里去求解脱。随后跑了几家医院，凑足了一瓶安眠药。一天，在家里写好遗书后，抓起那瓶药就要吃，万幸的是在那千钧一发之际，妈妈突然来找她……我暗想：处于人生花季的孩子如此轻率地对待宝贵的青春、宝贵的生命，太可怕了。这次她未吞下安眠药，以后能没有挫折吗？还会万幸下去吗？我有责任关心她，帮助她驱散心头的阴霾，鼓励她扬起自信自强的风帆，培养她百折不挠的精神，使她健全心理、学会生存。怎么办才能奏效呢？我知道此类问题不宜直来直去，而应该用巧

妙的方法深入细致地做思想工作。在以后的一段时间里，我连施几招，终于攻下她心中轻生的堡垒。

我是这样做的：

第一，借助集体的力量进行引导。暗中指派几位同学亲近她、帮助她，与她同吃、同住、同玩、同学习。当她遇到挫折、情绪低落时，立即主动为她指点迷津。

第二，开展活动，提供动力。其一是鼓励她走上讲台主持班会，让成功的喜悦激励她笑傲人生、迎接挑战。其二是组织全班开展50里徒步郊游活动。田间风光，家乡巨变，激励她树立为家乡而刻苦学习的志向；长途跋涉中脚磨出了泡，她硬是一瘸一拐坚持到底，这又增强了她战胜困难的勇气，磨炼了她的意志。

第三，热情深入地与她谈心。我以师长的身份循循善诱，以朋友的身份推心置腹：谈绚丽多彩的人生，谈无限美好的青春，谈祖国热切的期盼，谈未来任重而道远的责任。我帮助她认识人生：人生酸甜苦辣五味俱全，"天将降大任于斯人也，必先苦其心志，劳其筋骨，饿其体肤，空乏其身，行拂乱其所为……"一次次的谈话像春风一样吹绿了她心灵中的枯草，似细雨滋润了她干涸的心田。她的脸上绽开了笑容。

第四，抄录隽永的散文赠给她。其中一篇名为"等待三天"，其结尾是耐人寻味的一段话："每个人的心都好比一颗水晶球，晶莹闪烁，然而一旦遭受不测，背叛生命的人，会在黑暗中渐渐消殒；而忠实于生命的人，总是将五颜六色折射到自己生命的每一个角落……"文章引起她的深思，激励她正确认识总是伴随着几多不幸几多烦恼的人生。

第五，语重心长写赠言。在迎新年之际，我特意送了她一张贺卡，上面写了这样一段赠言："春天之拂晓，云蒸霞蔚，敏捷的大雁，凌空翱翔；人生之花季，姹紫嫣红，奔腾的骏马，纵横驰骋。愿你永远做生活的强者，凌霜傲雪。"为师者热切的希望寓于字里行间。功夫不负有心人，在我的精心教育和感召下，在全班同学的帮助和激励下，她变得爱说爱笑了，后来她又破天荒地参加了年级跳绳比赛。随后在期末考试中，她因进步显著而获得学校表扬。后来，她给我写了一封信，信中说："当我在黑暗中摸索，即将失去勇气的时候，您是一盏明灯，给我指引了方向；当我在寒冷中畏缩，即将被冻僵的时候，您是一股暖人的春风，让我从寒冷中解脱；当我在困难关头徘徊，即将退却的时候，您是一首催人奋进的歌，使我重新恢复了自信。"读着热情洋溢的诗句，我倍感欣慰地笑了。不是因为学生的赞扬，而是因为我知道她确实从轻生的阴影中挣脱出来了，在今后漫长而艰难的人生征途上，她一定会成为强者。

这个案例很有启发意义，也值得我们学习。

对于学生的自杀行为，最重要的是预防。那么，有哪些方法可以帮助我们及时发现学生的自杀征兆呢？

注意学生的异常表现。本来爱说爱笑的学生突然沉默；本来很少说话的学生突然大说大笑；见同学就躲；没事发愣，发呆，眼睛发直；说一些令人吃惊的话……遇到这些征兆，教师都要加以询问，必要时与家长联系，不可掉以轻心。

建立聊天机制。班主任可以每周或者隔周指定一天的某个时候为聊天时间，告诉学生可以来谈任何问题，教师承诺保密。自杀的孩子在行动之前一般都有"求救"信号，及时发现可以避免。当然，运用这种方法的前提是学生信任和喜欢教师，否则你这样说了他也不会来找你。

还有一种"侦察"方式——语词联想。让全班同学每人随机从词典上找到一个词，然后从这个词随便联想，写出 20～30 个词。对这些词进行分类研究，可以看出学生的心态。有自杀倾向的孩子，会写出很多灰暗的或者恐怖的词语来。小学高年级以上的学生可以用这种方法。

一旦发现学生有自杀意向时千万不要紧张。有自杀意向离实行自杀尚有段距离。应该主动找他谈话。注意不要搞"晓以大义"那一套。孩子自杀，常见原因是觉得自己已无价值，觉得自己已无希望，觉得自己已无可留恋，觉得自己太痛苦。所以谈话的重点是向他证明：你有价值，你有希望，你还有可留恋的人和事物，你的痛苦是有办法减轻的。同时向领导汇报，并用适当的方式通知家长。

经验告诉我们，自杀的学生背后可能会有一个或几个心理不够健康的教师。这种教师针锋相对地和学生较劲，不知调和，不懂缓和，把矛盾推向极端，终于酿成大祸。所以教师还有一个更重要的任务：提高自身的心理健康水平。

总之，当今不少青少年心理脆弱，心理压力过大，抗挫折能力差，极易患心理疾病，严重的酿成自杀的悲剧，这已引起全社会的关注。作为班主任更要关注这个问题，更要防微杜渐，准确把握学生动态，洞悉

学生心理变化，把有自杀倾向的青少年拉出阴影，投身于生活的七彩阳光中，激励他们勇作劈风斩浪的弄潮儿。

如何解决对后进生产生心理障碍的问题

一、消除定型心理

克服定型心理，必须把唯物辩证法作为教育思想的哲学根据，克服形而上学的思想。对待后进生，要在全面深入了解的基础上，用发展的眼光看待他们，实事求是地评价他们。对他们转化过程中出现的反复，应客观地加以分析。须知，后进生的"后进"有一个过程，"冰冻三尺非一日之寒"。明确了"反复"是后进生转化过程中的一般特点，才会坚信他们是可变的，才能爱他们，帮他们，采取有效措施"长其善，救其失，扬其长，促其变。"

二、不要厌弃后进生

对后进生抱有厌弃心理的班主任，认为后进生是"拉分生"，是影响班级各项考评成绩和升学率的包袱。这种厌弃心理表现在对后进生的教育上，是简单粗暴和讽刺挖苦，以致想方设法使他们留级、转学、退学，结果使一些后进生看不到光明而中途辍学，甚至在社会上漂流，容易被坏人引诱而走上犯罪道路。

端正教育思想，克服"片追"的影响，提高转化后进生在贯彻义务教育法中的意义的认识，是克服厌弃心理的关键。事实上，后进生更需要班主任用"爱"这种情感力量去唤起他们的上进心，培养其自尊心、自信心。也只有爱他们，才能及时抓住其转化的契机，并以高度的热情肯定和赞扬他们的点滴进步。必须批评时，也会从"爱"出发，动之以情，晓之以理，指出问题，循循善诱，使他们产生积极的情绪体验，受到感化，促进转化。

三、不要产生偏激心理

后进生本不是样样后进。有的虽然学习成绩暂时落后，但在思想品德上往往具有可贵之处；有的虽然纪律散漫，却可能是体育健儿、劳动

能手，或具有文艺才能……教师切不可以偏赅全，把他们看得一无是处。班主任的认识若出现了片面性，在感情上就容易产生先入为主的偏激心理，以致在他们出现一点缺点错误时，就当众揭他们的"老底"，甚至说"我早知道你是这样散漫的"、"你做不出好事来"。这种偏激的态度对后进生是沉重的打击。

分析研究发现，后进生普遍具有要求转变的愿望，破罐子破摔者甚少。然而由于种种主客观原因，当他们在遇到困难时，往往会产生强烈的心理矛盾（如自尊与自卑的矛盾、上进心与意志薄弱的矛盾、实现教师要求与消极应付心理的矛盾等）。因此，后进生更需要班主任的理解和关爱。做到这一点，教师一要明确后进生是可以一分为二的，既要看到他们的缺点，又要看到他们的优点和进步；二要分析理解他们的矛盾心理，帮助他们用自身的积极因素克服消极因素，抓住一切有利时机实施有效的教育。

四、不要急于惩罚后进生

师生之间在人格上本来是完全平等的，对后进生来说也毫不例外。教师对学生最有效的教育影响是教师自身的师德素质。即使从形式上看学生都接受了教育，但其心理表现却大不相同：有的出于对教师的信服，有的出于恐惧，也有的出于从众心理。只有信服地接受教育，才是真正的接受，因而教师必须在不断提高自己师德水平的基础上，以自己的模范行为、平等待人的态度和民主管理的方法，促使师生间建立起尊师爱生的关系。克服了对后进生的惩罚心理，才能促进后进生的转化。

教师在转化后进生工作中存在的心理障碍（恐怕不只这些）直接影响着教育效果，因此，必须自觉地克服这种心理障碍，不断提高自身素质。

如何解决学生不讲道理的问题

近年来，常听到学生对教师，特别是对家长说："少讲大道理，我不听！"事实也是如此，有的学生一听教师和家长讲道理，就皱眉头，起反感，甚至对所讲道德观点产生怀疑。教师讲"全心全意为人民服务"，他会说出许多干部以权谋私的情况；教师宣传"舍己为人"的精

神，他们会说"商品社会，没有钱谁也不干"，似乎这些道理已经过时。这种情况除了某些社会原因之外，问题不在于这些道理的本身，而在于我们如何把道理讲好，讲得入情入理，深入浅出，使得学生乐意听，易接受。当代学生思想敏锐，喜欢独立思考，也有些独立见解，因此我们应当研究学生的特点，把道理讲好。

一、避免虚化，结合实际

我们不希望学生在前人后面亦步亦趋，更不愿意他们成为口是心非的人。要让学生听、信、服我们所讲的道理，其关键是力戒假大空。我们不能把思想政治教育局限于严肃的政治报告，或热衷于耳提面命式的生硬灌输，更不能做表面文章、搞形式主义或冷脸训人。我们应当以平等待人的态度，深入浅出的理喻，灵活多样的形式，启发学生自己教育自己，要从动机到方法，从理论到行动，帮助学生辨是非。这样才能从根本上防止把大道理变成不受学生欢迎的干巴巴的教条和口号，变成不能解决实际问题的假话、大话、空话。

如在宣传社会主义精神文明时，如果只讲正面典型，回避社会上的不正之风，学生就不会信服。如果我们在大力宣传正面典型的基础上，引导学生在正确理论的指导下，从调查正反两方面的材料中独立思考，自我分析判断，就能使他们从纷繁的社会现象中寻找积极向上的因素，看到社会的主流，从而提高认识和觉悟。

二、要清楚学生的思想特点

现在的一些学生初步具有爱思考、不盲从、厌说教、重实际的特点，我们要采用灵活多样、生动活泼、符合学生思想特点的形式给学生讲道理。思想是不能由别人代替的，要转变学生的思想，就要唤起学生的自觉思考，变教师的"满堂灌"为启发学生多发言。我们要善于从学生的讲话中发现其正确性，引导他们克服片面性，还可以从学生年龄和心理特点出发，寓教育于活动中。

三、理论与实际相结合

道理是从实际生活中抽象出来的，当反过来用它指导学生的生活时，就应当具体化、形象化、个性化。记得唐太宗李世民在自述其如何

教子时，有这样一段话："朕自立太子，遇物则诲之。见其饭，则曰：'汝知稼穑之艰难，则常有斯饭矣。'见其乘马，则曰：'汝知其劳逸，不竭其力，则常得乘之矣。'见其乘舟，则曰：'水所以载舟，也所以覆舟，民犹水也，君犹舟也。'见其息于木下，则曰：'木从绳则正，后（君主）从谏则圣。'"（见《资治通鉴》）唐太宗抓住身边琐事，通过形象的比喻引出深刻的道理，形象逼真，生动具体，寓理于事，深入浅出，便于接受，给了我们有益的启示。我们在给学生讲道理时，也要联系学生的生活和思想实际，"遇物则诲之"。我们要用真理、真情、真言、真态，深入浅出地疏导学生的思想，引导他们去思考，去辨析。

如讲要树立"艰苦朴素"、"艰苦奋斗"的精神时，不能只讲"苦不苦想想红军两万五，累不累想想革命老前辈"，也不能片面强调艰苦的生活能磨炼人的意志，似乎越苦越好。要讲清革命前辈如何在艰苦的条件下以顽强的意志战胜困难的精神，从而鼓励学生发扬艰苦奋斗的优良传统，还要联系学生中不怕困难，具有顽强毅力的好人好事进行教育，这样更具有说服力。

四、动之以情晓之以理

道理是讲给人听的，目的是提高人的认识，把人的积极性调动起来。人都是有感情的，因此思想政治教育一定要融情于理，恰当地处理情与理的关系。情感是道理能够发挥作用的基础和前提。师生关系融洽了，讲道理即便尖锐些，学生也能接受。相反，道理再透彻，学生也可能听不进去。因此，教育人，要先尊重人、关心人，使学生先感到教师的一片诚心。这样才能达到"情"通"理"达、"理"直"情"正的境界。

如徐特立同志在长沙稻田师范当校长时，有一天晚上，几个学生打碎了厨房的一篮碗，工友很生气，要求徐校长挂牌开除这几个学生。第二天，校长挂了牌，但写的不是开除学生的公告，而是一首"我愿诸生青胜蓝，人力物力莫摧残。昨夜到底何缘故，打碎厨房碗一篮"的诗。由于诗中饱含着徐校长对学生的热情和期望之情，恰当地处理了"理"制约"情"、"情"眼从"理"的辩证关系，所以学生深受教育。他们不仅主动地作了检讨，而且进步很快，走上了革命的道路。

如何解决学生给教师起外号的问题

中小学生给教师起外号的现象屡见不鲜，外号名目也不胜枚举。有的教师认为这是"道德败坏"的严重问题，并采取了严加训斥、惩罚的办法。这样做，叫外号的现象不仅没能制止，教师的外号反而有增无减。压服不行，究竟该怎么办呢？

一、根据实际耐心疏导

中小学生的知识在日益增长，形象思维和抽象思维的能力在逐步提高，自我意识在不断加强。他们在与教师的交往中不肯唯命是从，有了一些独立见解，并开始尝试评价周围的事物。但是，由于受年龄小、阅历浅、认识水平和评价能力不高的局限，他们对自己评价的对象（包括老师）一般喜欢在一定概括的基础上，借助小说或影视中的正、反面人物的形象加以说明。这就是学生给老师起外号的心理基础。因此，他们对教师的评价难免有些偏颇。我们做班主任的应当针对其心理特点进行耐心的疏导。

二、指引学生正确看待教师

"金无足赤，人无完人"，教师因工作偏差给学生造成压力的现象时有发生。然而，教师的缺点和失误绝非主流，而且是可以改正的。班主任的责任是引导教育学生充分认识教师工作的艰巨性，帮助学生掌握正确评价教师的标准和方法，要引导学生多看教师的优点和长处。对教师的缺点要正面提出；要引导学生对小说、影视中反面人物的本质进行剖析，从而教育他们不能用反面人物来比喻心地好、脾气不好或好心办了错事的教师，使他们懂得给老师起外号是不文明不礼貌的，尽管有些外号是对教师表示肯定、希望和赞赏的。如称一位学识渊博的教师为"博士"，称另一位了解学生心理、"料事如神"的教师为"诸葛亮"，这也是不好的。这样的教育会逐步提高他们的是非观念和评价能力。

三、开展活动，使师生关系和谐

尊师爱生，爱生是关键。诚如苏霍姆林斯基所说："教师技巧的全

部奥秘就在于如何爱护儿童。"我们有许多教师之所以深受学生爱戴，恰是因为他们把握了关心体贴学生的奥秘。学生偶患感冒，教师送上几片药；学生考试不及格，教师立即帮其分析原因，进行规劝和帮助；学生缺席，教师主动上门看望……这些细微的举动最能打动学生的心，赢得学生的尊敬。当然，要使学生尊师，还要在学生中开展尊师活动，或通过组织学生访师、开展尊师主题班会等活动，加深对教师劳动特点的理解，尊重教师的劳动。师生心理相融了，哪里还会出现给教师起外号的现象。在融洽师生关系方面，班主任应是善于协调的艺术家。

四、有技巧地自我批评

学生给教师起外号总是事出有因的。班主任要恰当地分析给教师起外号的不良倾向和其中的不合理因素，做好他们的思想工作。当教师发现学生给自己起外号时，千万不要急躁，一定要冷静下来，检查自己的工作是否有失误，或在什么问题上引起学生不满或挫伤了学生的自尊心。对自己的缺点或失误要敢于公开作自我批评，并认真改正，这样才会取得学生的谅解。如一位年轻班主任被学生称为"眼镜蛇"，开始他火冒三丈，企图用停课、请家长对学生进行压服，结果压而不服，他苦恼极了。在一位老教师的帮助下，他冷静下来，认识到自己对学生缺乏关怀体贴，而且要求过于苛刻，于是他召开了一次"从学生给班主任起外号谈起"的班会。会上他没有批评学生，而是从主观上分析了学生疏远自己的原因，及外号中对自己工作的不满和期望，诚恳地做了自我批评。没想到，凡是叫过他外号的学生纷纷站起来，承认自己不尊敬教师的错误。师生的心一下子沟通了。从此，这位班主任不仅严于律己，对学生也严而有格、充满挚爱了。因而，学生们也更加尊敬这位年轻的班主任了。

如何解决学生遭遇的"七大问题"

我们所谓的"人的品质"到底指的是什么？班主任是否有时间将自己置于烦琐的行政工作之外对其进行充分思考并言传身教？班主任又是否能对一个人的方方面面做到全面的了解？

我们都意识到了"隐形课程"（是指学生在学习环境中所学习到的

非预期或非计划性的知识、价值观念、规范和态度、校园环境、礼仪文化、机构制度、师生的精神风貌等都是隐性课程。）中包含着轻视的意味，但是我们尚不清楚我们为什么采取反对的态度，我们的其他选择又是什么。我们反对的理由，是不应当存在任何隐形的课程，因为只有采取公开态度才能使课程通过（例如家长和管理者的）争论达成一致，从而清楚地写入教学计划中。因此，很多学校推出了所谓的"行为模式"（behavior codes），这些模式实际上是对课程的一种陈述。

一些学校理所当然地忽视对这些品质的培养，甚至很多重要的品质留待学生自己去猜测性地领悟。少数学校受到公众的猛烈抨击，但还是有很多学校在这方面形成了系统性的规定。

在拟定学生发展规划以适应辅导方案的过程中，我们有必要对"个人"的概念给出一个分析框架。我们到底对"人"的哪些方面更加关注？

理查德·普林（Richand Pring，英国著名课程论专家，埃克塞特大学教育学教授）运用一些普通的术语将人的品质分成七个类别，这种分类对于我们在新的时期分析问题极为有效。

1. 智力（指人们用来进行细致观察、思考、假设、逻辑推理和命题的能力）。

2. 道德（指诸如谦逊、仁慈、耐心、慷慨等性情特征，凌驾于情感特征之上）。

3. 性格特征（指诸如毅力或勇气等意志品质，区别于上述第二条，但如果缺少智力和道德的支持将会适得其反）。

4. 社交能力（指诸如口才、体格、着装、随机应变的能力和组织协调的能力，要求首先具备前三条所规定的品质。即便如此，一个智力发达、品行良好和慷慨大方的人也很难运用这些品质有所作为）。

5. 实践知识（同样也是运作第四条所必需的）。

6. 理论知识（通过理论学习获得的概念、原理、概括能力和洞察力）。

7. 个人品格（这并不是第二条和第三条的重复：两个人可能同样温和体贴，但他们对和平主义的观点可能大相径庭）。

以上所列举的人所必备的各项品质和技能理应成为辅导工作计划的基础。精神辅导应该全部涉及这七个方面，辅导团队也应该努力协助每

个学生结合自身去理解上述的每一条。

上述七个方面的相互作用促成了学生的进步和发展。学校会从整体上寻求途径发展上述的品质，但是班主任应首先让学生对这些品质有个清楚的认识，并且能够加以评估，最终在社会中进一步进行自我培养。在很多学校，涉及这些方面的课程通常划归到个人、社会和健康教育课程计划中。尽管如此，班主任仍然承担着中心工作，将学校整体教学课程的重要部分同学生们的实际生活进行有机的结合。

因此，个人发展并非只是独自的发展，而是发展一个人——这是精神辅导工作的核心，班主任的每一项具体工作都要围绕它来展开。罗德·普特内姆（Lord Puttnam，英国课外教育先锋，勋爵）强调指出要在更高层次、更广范围内展开辅导工作。他说："愉快、惊讶、神秘感、同情、审美和痛苦是我所能够想到的对我们理解人生的最为重要的方面。"

第五章

走出教育后进生的误区

不要动不动就"态度挂帅"

后进生与老师发生冲突，言行对老师不够礼貌，这种事是常见的。教师和学校领导遇到这种事情，通常的做法是先"态度第一"，即不论事实如何，反正你这样对待老师就不行，你得先向老师承认错误，再说其他。我们不妨把这种工作思路叫做"态度挂帅"。

但我不赞成这种思路。据我看，遇到这种事情，可以先把交战双方隔开，然后要做的第一件事情不是去追究学生的态度，而是查清事实。如果事实证明教师冤枉了学生（这种情况较多），应该首先还学生一个公道，其次再批评学生对老师态度不好，让他承认错误，但是教师如果侮辱了学生，也必须向学生道歉。如果事实证明完全是学生无理取闹（这种情况较少），那一定要严肃处理学生，而且他必须向教师道歉。这才是讲道理、讲民主、讲平等的对策。

这样说并不是不重视态度，而是主张事实第一，态度第二，这样才符合科学精神。

曾在网上看见过一位校长写的文章，值得我们仔细探究。

这位校长是这样说的：

12：05，我正准备起身回家，突然进来了5位男同学。为首的开口就质问："校长，你说老师打学生对不对？"

"当然不对啦，"我答道（后面的一个男孩马上露出了得意的笑容），"不要说从《教育法》、《教师法》、《未成年人保护法》的角度讲，就是站在人道上讲也说不过去呀。"我接着平静而坚定地说。

如此反映情况的学生，一般情况下都不是什么"良民"，而且他们往往是犯错在前，首先激怒了老师，老师失去了理智，做了出格的事，他们便马上反守为攻，得理不饶人，且惯于群体起哄，让老师转眼之间由主动变被动，下不了台。而他们还会接着步步进逼，直至上访告"御状"。因此，对于此类的"鸣不平者"，就是一直致力于当"平民校长"的我也是不敢掉以轻心的，因为闹不好自己也会陷进泥潭而不能自拔。成长中的孩子犯错误是必然的，我能够理解他们，更乐意帮助他们——这是我的价值所在啊。老师也不是云端里的圣人、深山云游的老

庄，工作的失误在所难免。我明白今天的这个阵势是不能用通常的方法来应付的。我要亦礼亦兵、亦亲亦疏、亦守亦攻、软硬兼施。好了，我已经找到他们的软肋了——服装不整齐，统统没有戴胸卡。

"那老师打了我，你说该怎样处理？"得了理的男孩加强了攻势，眼中还充满了委屈的泪水。"对呀，校长，你说该怎样处理？"后面的同盟军齐声质问。其中有一个男孩还说："我们要公道，老师不讲理，班里的录音机坏了，她就认定是我们搞坏的，并且说要我们包赔……"

我感到当务之急是要阻止他们的攻势，便脱口道："我们先打住这个话题，你们先看看自己的胸前，是不是少了一样东西。"他们同时低下了头，尴尬的窘态马上写满了脸颊，斗志一下子从云端里跌到了深谷，紧接着便是手忙脚乱地浑身上下摸索，最终4位同学找到了胸卡，还边戴边不自然地说："忘在兜里了。"我接过话题道："如果在商场里你拿了人家的商品就走，等到人家捉住了你，你才说'钱我有，这不就在兜里'，能行吗？人家照样会拿你当小偷的。如果我也像你们一样，抓住了一个人的某一点失误不放，就应该马上请政教处的马主任过来把你们带走，你们还能说什么呢！人生活在这个世界上是需要彼此谅解，彼此宽容的。"他们纷纷点头称是。

火候已到，我转过脸来对着告状的男孩说："你能说说事情的经过吗？"他说："行。上午英语课时，英语老师到班里一看，录音机坏了，就大发脾气，认定是我们搞坏的，并且说要我们包赔。我气不过，就当即站了起来说：'你不能说是我们弄坏的，我们是不会赔的。'老师彻底地被激怒了，立即告到了我们的班主任那里，班主任就把我叫到办公室里训了一顿，英语老师往我的腿上踢了一脚……"我说："好，你说的是你先不尊重老师在前，老师打你在后。"他说："是的。"

我说："我认为你最恼恨的并不是老师打了你，而是这一打伤害了你的人格和尊严，打的本身并不是多大的事，看起来你也没有伤着。"他回道："是的。"我接着说："既然你对自己的人格和尊严这样看重，你再想一想，比你大了很多岁的老师，她对自己的人格和尊严难道不是看得更重要吗？更何况是在自己的学生——全班同学面前呢！谁是谁非你是应该明白的！尽管我们现在讲究师生平等，不再讲师道尊严了，但是我们做学生的对老师的尊重还是应该放到第一位的，就好像我们每一个人一生下来就是和自己的父母平等的，难道因为我们跟自己的父母是

平等的就不再尊重他们了吗？上一周我在电视讲话中有一句话不知你们还记不记得——'今人而无礼，虽能言，不亦禽兽之心乎'，一个人不懂了礼节不就等同于一般的动物了么？尊重是相互的。可以设想一下，假设你是英语老师，那位英语老师是你的学生，你进屋后一看马上就要用的录音机坏了，本来就气恼，发了几句牢骚本是正常的，可偏偏有个学生公开顶撞你，你心里会是什么滋味?! 这就叫换位思考，这就叫'要想公道打个颠倒'，这就叫将心比心。再说了，从这件事上，我们可以看到×老师是一位责任心很强的老师，这应该是你们的福分，你们应该珍惜，不然的话，录音机坏了，正好，我不用了，省得啰里啰嗦的，管他教学效果呢！不是有很多老师明明仪器室、药品室里有的是仪器和药品，就是懒得去拿么！反正一节课 45 分钟，凑合着上到下课拉倒。我们学校老师的工资和奖金是不跟成绩挂钩的，一个年级 10 个班，第一名和最后一名，老师的工资奖金是一样的，何苦来呢？这样的老师我们是不是应该感激呢？"说到这里，问罪的孩子们已经心悦诚服了。为了巩固成果，我接着说："只要是人就会犯错误，孔子的弟子子贡也说过：'君子之过也，如日月之食焉，过也，人皆见之；更也，人皆仰之。'所以，你们犯错误老师是能理解的，是能宽容的，当然老师犯错误你们也同样要理解、要宽容。还有一点要强调的是，也用孔子的话来说吧：君子，不迁怒，不贰过。意思是……我们可能做不到君子的境界，但起码要争取'不三过，或者不四过'。这样，别人才可能看得起我们，不然的话，谁还会把我们当人看呢！"他们纷纷点头称是。我说："你们还有什么冤屈要诉说？"他们纷纷表示没有了。

最后我说："老师那一边的错误我会帮助她认识的，不管怎么样也不允许打学生，老师必须认识到这一点，而你们也必须要看到自己的不足，努力地、尽早地改正才是。""是，是。"我亲切地拍着一位男生的肩膀，边送他们边说："祝愿同学们成长快乐，如有问题我很乐意帮忙！"

一看表，已经 12：15 了。"下班！"我轻松愉快地对自己说。

这位校长的做法值得研究。

英语老师到班里，看见录音机坏了，大发脾气，认定是学生搞坏的，并且说要学生包赔。一个学生气不过，站了起来说"你不能说是我们弄坏的，我们是不会赔的。"于是老师就把学生叫到办公室踢了一

脚，于是校长就说"你先不尊重老师在前，老师打你在后"，于是学生就服气了，于是校长就认为问题解决了。

可我们还是没明白这个录音机到底是谁弄坏的，而这才是问题的关键所在。

如果录音机确实是学生弄坏的，那必须找出此人，让他承认错误，而且赔偿损失，但是教师也要向全班同学认个错，您不能在没搞清事实之前就向全班同学发脾气，这是不公正的。

如果经查证录音机并不是学生弄坏的，或者查不出来，教师就更要向学生承认错误了。不但要承认自己乱发脾气、不尊重学生的错误，而且要承认自己"不尊重事实"的错误——这是一种反科学的态度，与教师的身份不相称。

"你不能说是我们弄坏的，我们是不会赔的。"这句话，在没有查清事实之前，不能认定是学生"顶撞老师"，"不尊重老师"，因为如果确实不是学生弄坏的，学生这样讲是维护自己的正当权益，这种孩子敢说实话，应该表扬。

校长是怎样解决这个问题的呢？

校长的基本思路是"抛开事实谈态度"，而且先入为主地认定学生"不是良民"。校长的策略是"迫使学生认错"，既然你错了，自顾不暇，就没功夫控告老师了。

校长采用的第一招是挑学生的毛病（找服装和胸卡的茬），打掉学生的气焰。这是典型的"偷换论题"手法，一种小花招。

然后校长就要求学生宽容老师，接着校长就诱使学生承认自己没尊重老师，然后学生就"没有冤屈"了。

可是录音机到底是谁弄坏的？不知道。

这位校长做的只是"抹稀泥"、"息事宁人"的工作，实际上没有解决问题，而且师生双方都没有什么提高。下次班里再坏了东西，估计教师还会发脾气。经过校长的教导，学生可能不顶撞老师了，教师的"破案"能力却没有丝毫提高（校长按这种思路工作，自己的"破案"能力也得不到提高），问题得不到解决，教师急了就还会失控，于是这场戏就可能再重演一遍。

遇到问题不去研究问题，甚至有意避开问题，在人际关系上做文章，这是我们传统文化的大毛病。结果表面上似乎"安定团结"了，

其实问题根本没有解决，早晚还要冒出来。这位校长做的事，大部分属于无用功。这样搞，会越来越累的，因为这不是"解决"问题，而是给自己"埋伏新问题"。

所以，还是多尊重事实，少搞"态度挂帅"的好。

面面俱到、面面俱损

熟悉中国革命史的人都知道，中国共产党由弱变强最终战胜强大敌人的法宝之一就是："集中优势兵力，各个歼灭敌人"。其实，对于后进生的教育转化来说，这个思想或者叫战略战术是值得我们借鉴的。

在教育实践中，我们经常看到这种情况：有些孩子因为家庭教育的严重失误，毛病甚多，没有孩子样儿。这时候教师最容易犯的错误是"见错就管"，全线出击，想在短期内让这种学生至少随上大流，像个学生的样子。但是，教师也不想想，多年形成的坏毛病，怎么可能一下子让他改过来？比较正确的办法是把他的缺点列一个清单，排排队，分出轻重缓急，先从一两个比较容易克服的毛病或者对集体妨碍最大的毛病入手帮他改正，其他问题先放一放。要知道，他的有些毛病可能会跟随他一辈子的。老师不是神仙，我们能使学生"有所进步"，但不能保证他一定能"脱胎换骨"。

我们先来看一位"玲子"老师在网上发的"求教"帖子：

从教十多年的我，这是第一次教一年级，下面的这个案例是我班一个不到六岁的小孩与我的几则小故事。一个学期下来，他成绩很差，成了后进生。凭他的智力不是这个水平的，只是他的学习全是无意学习，全凭他个人的喜好。这个学期马上又要开学了，我用什么方法帮助他呢？请您帮帮我，好吧？

远具有不凡的灵气，但上课没一刻专注过，一分钟内不停变换坐姿，小手不停地做着小手工，让他坐在第一桌，不仅因为他矮小，还因为他的活动量大得惊人，上课也是个运动员。

报名时是他父亲软磨硬缠一周，我一时心软才收下的。这个小冤家，在一个学期中自动完成作业不过三回，上学迟到超过十次，我因为作业的事和他"抗争"不下十次，为他擦拭鼻涕不下五次，为他提起

快掉的裤子不下四次，总觉得自己快成了他的家庭保姆加家庭教师。

把几次与远较量的经历记录下来做个纪念：

1. 数学老师发现远上课拿着个小盒子一个劲地玩，就走过去要把小盒子收上来，谁知小家伙不肯，让他放进抽屉后，他一会儿又玩上了，气得数学老师硬把小盒子收上来了。他就开始挥舞着小拳头要打老师，没有打到就在教室里大哭起来。小朋友的笑声、读书声都没法掩盖住他的哭闹声，直到他自己哭累了才止住。思德与生活老师说他上课玩小刀，不小心划到了他的同桌。课堂上，他时常会一下子就不见了，再四处瞧，他又从桌子下面爬上来了。就这样度过了一个多月，今天下午我上课时他倒又乖乖地读书，写作业了。

2. 这孩子太小，不到 6 岁，父亲在外地工作。望子成龙的家长，学期初在学校缠了好几天，非让孩子上一年级不可，可是孩子一点要上学的意思都没有，有一天他居然趁打扫卫生的时候躲进厕所，让同学去叫他也不出来，等他觉得玩得没意思了，自个儿又回教室了。

3. 昨天的课堂作业是我守着他写了一节课才完成的，今天又好话说尽还是不写，于是我采用了吓唬的办法，说到校长那儿去，这一招也不能让他动手。几个小朋友在看着他，好像在说，他不写，我也不写。抬头一看，六年级的办公室的门开着，没有一个人在里面，我把他抱到办公室，把门关上大声吓唬他说："你不写作业，我就把你关在这里了，今晚就在这里，不能回家了。"这时，他开始哭泣，还用脚用力踢门，我打开门，他直往外走，我拉住他说："你写不写作业呀？"见他不说话，我又装作要把他往里送，他这才说："老师，我写。"我如释重负，摸摸他的小脑袋说："这就对了，小学生来学校读书，怎么能不写作业呢，写作业的孩子学习才会进步，老师才会更喜欢你呀！"小远停止哭泣，我拉着小远的手，又说又笑地走向教室。

4. 昨天小远终于把课堂作业补齐了，今天的拼音也写了，可是下午的写字又没有完成，我也真的黔驴技穷了。他妈妈说，拿着小棍子在一旁，他写作业就会好一些，我觉得这也有一点影响。与她谈过几次，也许只能等他父亲回家才能说好，这孩子真的是提前入学造成的，他还完全是个只想玩的孩子，过早让他接受有任务有目的的学习，真的有点拔苗助长、得不偿失啊！

5. 上午的课上得很好，他主动完成了作业，还高兴地拿给我改。

可是下午的作业他一个字也不写，眼看着快要放学了，我守着他，他还是不动笔。表扬他要像上午那样，老师才喜欢他，他还是无动于衷。我只好提起他的书包说："小远再不写，就去老师家写哦！"没想到这个小鬼不但没有要写的意思，反而从教室墙角拿起一把扫帚，追上来要打我。我一边示意他放下，一边说："小远不写作业，还打老师，这样做可不好！"我顺过去抓住了扫帚，想从小远手中夺过来，这孩子抓得真紧，我一用力竹棍子被我从这头抽出来了，可是小远哭了，回头一看，小手出了一点血，我连忙放下竹棍子，一看，小远的手被竹棍子的节弄破了皮。我一边帮他吹手，一边说："疼不疼？下次还打不打老师？你看，你打老师，小棍子都吃你的肉了。"小远连忙摇头说："不打了。"我真有点觉得对不起这孩子，弄疼了他的手，还说是他不对，棍子才吃他的肉的。但是我真没想出更好的法子来教育他。我又对他说："作业你回家去做，叫妈妈给你上点药，老师给你吹吹，不疼了吧？"小远背上他的小书包走远了，可我心里真是说不出的滋味……

快开学了，我和家长说什么呢？远这孩子会与我携手共进吗？请各位帮帮我！谢谢！

玲子

玲子老师的敬业精神和对学生的爱令人感动。

但是，我们应该看到，玲子老师断定这个孩子出现问题是因为他上学早，家长望子成龙心切，其实未必如此。还有一种可能是，这孩子在家里闹翻了天，家长实在管不了，想借老师的手教育他的孩子。这种事现在很多，源于家长的溺爱和放纵。孩子的父亲之所以苦苦要求孩子上学，我想是要寻求某种解脱，把包袱甩给学校。

这种情况，等于让学校为家庭教育补课。作为教师，我们固然义不容辞，但是一定要清醒，单靠学校，累死老师也不能解决问题，所以我们在教育这个孩子的同时，要指导家长改变其溺爱作风，双管齐下，才能有效。玲子老师孤军奋战，精神可嘉，但没有注意战略协同，恐怕是缺点。

更为重要的是，玲子老师全面进攻，想让孩子尽快在各方面都跟上一般同学，我以为这个指标有问题。根据教育实践，对这种孩子只能"重点进攻"。玲子老师不应过多在完成作业方面和他较劲，而应先解决他扰乱课堂纪律的问题，这个问题初步解决之后，再谈作业问题。问

题生的教育要有梯度，一步一步来，不可能一蹴而就。幸亏孩子小，要是大一点，老师太急躁了，学生的反抗会更强烈的。即使成年人，要求他在一两个月改变多年形成的习惯也属于不理智，何况对孩子！

所以，教育后进步，改正后进步的"问题"行为，我们还是要记住那句话"集中优势兵力，各个歼灭"，因为"面面俱到，面面俱损"。

不要"草木皆兵"

有位资深老教师曾经说过一句话：

"尖着眼睛搜索学生的缺点（那当然总能有所收获），坚信学生的每一个小缺点如不加以纠正将来都会使孩子变坏（事实绝非如此），这是许多教师的职业病。这样搞，教师本人会弄得草木皆兵，神经兮兮，劳累不堪，学生则动辄得咎，手足无措。小孩子不胜其烦，大一点就会逆反，不少师生矛盾就是这样来的。"

如果说"面面俱到"是教师的"干预意识"过强，草木皆兵则是教师对待后进生的"问题意识"过强了。就像有的医生总是觉得到处充满病菌，因而什么都不敢摸不敢碰，活得特累，道理也是如此。

我们先来看一位教师在网上写的他教育中的"苦恼事"。

中午，走进教室，发现一位学生的口袋里有一个像游戏机一样的方方的硬东西。我对他说："给我看看，是不是游戏机?"孩子显得特别紧张，忙说："不是！不是!"还用手捂紧了他的口袋。我又一次要求他将此东西拿出来，坚持了一会儿，这位学生将口袋里的东西送到我手上，原来是三年级的数学学具盒。

"我以为是什么东西呢？原来是个学具盒，怎么这么怕给老师看啊？这里面有什么秘密?"说着我就试着准备打开盒子。谁知我不动手还好，一动，孩子赶紧伸出两只手抓住盒子，不让我打开，还口口声声地说："这是我的秘密，你不可以看的。"

我顿时哑口无言。

皓上学期的学习成绩虽然是倒数第一，但表现一直挺好的，是个令人放心的学生，这学期表现也不错，前段时间因病住院，我到医院里看望时，孩子还和我谈了很多很多，没等医生规定的休息时间到，就来上

学了。我的意思是这段时间里可以上半天休息半天，上午上课，下午回家休息，养好身体最重要。孩子不同意，父母则对我说："老师，我家皓没事的，上学不要紧。"

怎么办呢？

我把他叫到花圃旁边，对他说："我说过我会尊重你们的秘密，不过我想你完全可以告诉我。这是什么？"

孩子顿了一会儿，说是游戏机卡，还告诉我，一开始怕我收走，所以就不想让我打开。

真的吗？如果是游戏机卡，放到这么一个盒子里面一定会有一些声响的，可是我怎么摇，都听不见，肯定不对。究竟是什么东西？为什么要瞒着我？我要不要看呢？也许真的是孩子的秘密。可是，过了一会儿，孩子又说是组装玩具汽车的配件。究竟是什么？孩子的神态让我难以置信。

最后孩子终于肯打开给我看，里面是65元钱。

一个小学生带这么多钱来上学，还真少有！这样的家长也不会有：给小学生这么多钱。

孩子告诉我，这些钱是他过年时的压岁钱，没有全部交给父母，他悄悄地留了一百元，买一本作文书、童话书和零用花去了一些，今天全带来准备买水彩、水粉、作文书、故事书的。我不知道该不该相信，虽然我很想相信孩子的话，可这有点难。

我决定打个电话给家长，希望家长能弄清楚这钱是怎么回事。

第二天早上，我什么也没等到，于是问孩子，他爸爸有没有问什么？孩子说：爸爸只问了他钱从哪里来的，听了他说是自己过年时遗留下来的压岁钱，什么也没说。

我无奈。我做错了吗？

——阿卓

为什么家长不给阿卓老师回话？也许这孩子的家长是嫌老师管得太多了。

如果确实是这样，那有两种可能：一种是家长袒护孩子；另一种是家长对教育的理解和老师不同，他认为对孩子不要干涉过多。

阿卓老师确实没必要这样穷追不舍的，问一问口袋里是什么东西，他不告诉你，也就算了，何必追使他说一个又一个谎话呢？

这样说是不是不负责任？不是。虽然不再追问下去，但应该把此事记在心上，从此对这个孩子留一个心眼。因为如果孩子有某种缺点，他绝不会只表现一次，以后有很多机会发现和纠正，何必马上弄个水落石出呢？如果他口袋里有"鬼"，早晚教师都能捉住这个"鬼"，这次不捉，松懈他的警惕，以后捉起来更容易，如果这只是自己的小秘密，老师不追究，还能增加他对老师的信任。

孩子扣下自己的压岁钱零花，怎么对待？阿卓老师把此事告诉家长，这当然可以。但是也就到此为止了，不必要求家长必须和老师的态度保持一致。孩子手里有几百元零花，这在城市里，现在很普遍。不少孩子小时候都算计过家长的钱，长大之后他们的品质并没有什么问题。

所以，我认为阿卓老师"问题意识"过强了，可能受了"校园无小事"论的影响或者对后进生过于不放心。阿卓老师解决问题也太急躁了，总想立刻弄个明白，思维方式是线性的，很多老师都犯这个毛病，如此会活得很累，会吃力不讨好的，还是不要草木皆兵的好。

罗马不是一天建成的

有些教师和班主任在做后进生的转化工作时，总想"一天见效，一劳永逸"，这种思想是非常有害的。

俗话说："罗马不是一天建成的。"后进生的形成也不是一天两天的事情，而是在很多事情的累积下逐渐形成的。并且，导致后进生形成的原因也是多种多样的，有家庭和父母方面的，有学校和老师方面的，有学生个人方面的，也有社会方面的。因此，在后进生转化的过程中，任何一个方面出现问题都可能会诱发后进生行为的反复，那么期待通过一两次成功就能保证后进生永不再犯错误，将是一种很不现实的想法。面对后进生行为的反复，作为教师和班主任，应该如何去做呢？让我们来看下面的案例：

陈磊，一个看上去极其乖巧伶俐的男孩子，但学习成绩并不好，还经常在班里与同学打架。老师每次批评他之后，他就会安生几天，但没隔几天毛病又犯了。前任班主任看到他就很头疼，王老师接手这个班之后，对陈磊给予了特别的关心和照顾，而陈磊似乎也有所好转，有很长

一段时间没有打架了。然而，有一天，有同学跑过来告诉王老师，陈磊又与同学打架了。王老师一听就火冒三丈，把陈磊叫到办公室里，声色俱厉地批评了一顿。陈磊没有反驳，只是偶尔会抬起头，似乎用他的眼睛表达着他的不服气。见他无语，王老师就让他回去写保证书，明天交给她。陈磊走后，王老师想到他的表情，又反思了一下刚才的行为，她想是不是有什么地方冤枉陈磊了。

这次批评之后，陈磊好像有点沉默，没有再发生打架事件。但那双不服气的眼睛却一直在王老师脑海里闪现。直到有一天，王老师才了解到上次陈磊打架的真正原因。陈磊有一个哥哥叫陈南，也在这所学校读初三，是全校有名的"捣蛋分子"。对于一般同学而言，有这样的哥哥做靠山，是很幸运的事情。陈磊以前也是这样想的，但经过王老师的教导，他的思想发生了转变，认为有那样一个哥哥是一件很丢面子的事。而上次与同学打架，也是因为那个同学说"陈南是你哥，真牛"。了解到这一真相之后，王老师私下里找到陈磊，和他谈心。

"陈磊，你是独生子吗？"王老师明知故问。"我有个哥。"他语气很平淡。"他在哪儿读书？他学习好吗？"王老师继续问道。"他不争气，天天惹我妈生气。"陈磊的语气很激动，同时又掺杂着一种很难表达清楚的痛苦表情。

看到陈磊的表情，王老师心头掠过一丝惊喜。"陈磊，你知道你哥不好，惹你妈生气。可是，你忘了，你妈还有一个儿子，他叫陈磊呀，难道陈磊也要天天惹妈妈生气，让妈妈彻底失望吗？"王老师语重心长地说道。他不语，沉默地思索着。突然，他猛然抬起头，似乎看到了从未有过的希望。王老师紧接着说："陈磊，你会成为你妈妈的骄傲，更会成为老师的骄傲。"

第二天，王老师在他的"知心小信袋"中看到了这样的表白："王老师，谢谢您帮我找到了答案，我保证以后不再打架了。其实之前我就曾经向您保证过，可是……这是我第二次保证，请您相信我。同时，我还保证我会成为我妈的骄傲。"

之后一个学期里，陈磊果然没有再打过架，而且也知道努力了。学习成绩有了一定的提高，尤其是王老师教的英语，居然破天荒地得了80分。王老师在评语中这样写道："陈磊，我为有你这样的学生而骄傲，我相信你妈妈一定也为有你这样一个儿子而骄傲。"

又一个新的学期开始了，陈磊又一次犯错误了。对于他出现的这种

事情，王老师丝毫没有感到意外，也没有找他谈话，只是在他的"小信袋"中夹了这样一句话："请记住你永远都是我和你妈妈的骄傲！"

也许是王老师的耐心，或许是王老师对他的信任，让他敢于第三次保证："王老师，这是我第三次向您保证，不再惹您生气。我不知道您是否还相信我，但我自己相信自己，我会努力的，请您看我的表现吧，谢谢您了。"

王老师的回答很简单："别说你保证三次，就算你保证一百次后有一百次反复，老师都会相信你的第一百零一次保证的，只要你是发自内心的。"

后进生的转化从来都不是一蹴而就的，上面的案例就充分地说明了这一点。冰冻三尺，非一日之寒。面对陈磊行为的反复，王老师表现出了足够的耐心和爱心，并期望陈磊能够成为妈妈的骄傲，也能够成为老师的骄傲。正是在这个前提下，陈磊才敢于对王老师做出一次次的保证，一点点地克服自己身上存在的问题。

后进生行为的反复，一般来说是在前进过程中出现的，这种行为与先前的行为在动机、性质等方面可能会存在差别，因此，教师和班主任在做后进生工作时，要善于捕捉后进生行为反复中的进步因素。王老师在处理陈磊又一次打架时，刚开始不问青红皂白把陈磊批评了一顿。如果没有后来王老师对事情真相的了解，可能就失去了一次很好的教育时机，而陈磊也可能会再次回到后进生的行列。事实上，经过王老师的教育，陈磊已经认识到作为"捣蛋分子"并不是一件光彩的事情，因此为了维护自己的尊严，重新使出了拳头，虽然都是打架，但这次打架的动机与以前有着本质的不同，而王老师也正是从这一点入手，并付出了一定的行动，让陈磊认识到老师对他进步的认可，看到老师对他的期望，使一个孩子从濒临再次学坏的边缘转化过来，并在正确的道路上不断前进。

因此，在转化后进生的过程中，我们一定不要急躁，要有足够的耐心，抓反复，反复抓。

反思自我，让后进生"流浪的心"回归课堂

小强是刘老师班上的学生，学习成绩很差，最大的问题就是不喜欢上课，总是以"肚子疼"、"奶奶生病没人照顾"等借口请假不上课，有时找不出借口了，干脆就直接逃课。学校中像小强这样的学生并不少

见。刘老师觉得很难办，常常仰天长叹：今天的学生究竟怎么啦？

其实，今天的学生，和我们以往一样，都会在课堂中度过每天最为美好的时光。但不一样的是，儿时的我们，课堂生活就是我们的全部，除了学习，我们还有什么呢？今天的学生，课堂之外的精彩实在太多，把心全部交给课堂的学生，已经越来越少，但讨厌课堂的学生却是越来越多。讨厌课堂，就意味着讨厌教师与讨厌学习。面对这样的现象，我们不能因此就责备今天的教师不像我们儿时教师那样富有吸引力，事实是今天的教师可能比我们儿时的教师更具有魅力。或许这只是课堂之外的魅力增长太快，而教师在课堂中展现的魅力增长的速度太慢吧。因为今天一线教师的繁忙是我们所无法想象的，但让学生回归课堂始终是教师理应承担的责任。

要让学生回归课堂，前提是我们不能追究他曾经离开课堂的责任，但我们却有必要研究他离开课堂的原因。当我们站在学生立场看教育问题时，就可以理解学生离开课堂总是有正当理由的，比如在课堂上根本听不懂教师对学科知识的讲解，在课堂上得不到教师与同学应有的尊重。比如，当我们刚进大学时，学校为我们开设了英语听力课，可对于从来没有受过英语听力训练的我来说，去上这样的课简直就是受尽折磨。对于其他同学来说，听这些简单的英语实在是太容易了，可对我来说却又实在太难了；再加上教师时不时的提问，让我在这样的课堂上既得不到应有的尊重，又得不到心理上的安全感，在这种情况下，逃课成为我不得已而为之的选择。过了这么多年，不知道现在的英语听力课是如何上的，也不知道是否还有像我当年那样的学生。

不管对学生逃离课堂或者心灵游离课堂作何解释，所有教师都关心一个问题：学生还有可能回到课堂吗？在我看来，这并不是一个问题，而是一系列的问题，尤其是以下四个问题的综合：第一，教师希望学生回到课堂吗？第二，教师的确在吸引学生回到课堂吗？第三，学生有回到课堂的必要吗？第四，学生有条件回到课堂吗？

首先，我们来看第一个问题：教师希望学生回到课堂吗？提出这样的问题，估计绝大多数教师都会责骂我。试想，哪一个做教师的不希望学生回到课堂上来呢？除非这位教师在职业道德上或者心理上有问题。提出一个问题，往往有两种情况，一是为了寻找答案，另一种是强化大

家对这个问题的关注。每位教师都承认，自己是希望学生回到课堂的。可事实上，有几位教师向学生表达过这种心态呢？每一天，教师走进教室时面容都是严肃的，教师不会因为来了这么多的学生而欣慰，而是为没来的学生而生气。学生是"肤浅"的，至少没有教师这样深沉，他们需要教师向他们表达"教师很高兴他们回到课堂中来"。只有学生领悟到教师对他们的每时每刻的欢迎，他们才可能回到课堂中来，不仅仅身体坐到座位上，更重要的是，他们的心思能够停留在课堂中。其实，每位教师都有这种心态，缺少的只是表达。而错误的表达或者不表达，往往会将更多的学生驱赶出课堂。当一位班主任在班会上怒斥有同学一周迟到三次时，这样的怒斥会减少学生迟到的次数吗？我看未必，如果一周只迟到了一次或者两次的同学，正因为老师对一周迟到三次同学的曝光而感到轻松，毕竟他们还不是班上最差的！

第二个问题：教师的确在吸引学生回到课堂吗？在课堂教学中，只有一个人是有义务在课堂中的，这一个人不是学生，而是教师。对教师来说，课堂教学既是自己的工作职责，也是自己实现专业价值的地方，既不允许教师身体上的缺位，更不允许教师心灵上的缺位。所以，相对于学生来说，课堂对教师的意义与价值更大。学生对课堂并不负有义务，至少这项义务没有教师这么大，也没有这么直接。在以往的教育学中，往往把学生的学习当作一种义务，可事实上学生为什么要接受教育呢？为什么要接受这个学校的教育呢？为什么要接受这个学科的教育呢？为什么要接受这位教师的教育呢？学生有必要接受这么多的义务吗？我看未必。至少在短期看来，假设学生不到教室上课，影响最大的不是学生自己，而是教师与学校。由于课堂是特定学校、特定学科、特定教师的课堂，所以吸引学生回到课堂，就成了教师开展课堂教学的首要工作。就教师的教学实践来看，教师们的确是在吸引学生回到课堂吗？教师们又在采取哪些方法吸引学生呢？这些方法是达到了目的，还是反而把学生吓跑了呢？

吸引人的东西，绝大多数是内在的。外在吸引人的东西，我们称之为浮华；内在吸引人的东西，我们称之为品位。而且，吸引人最为困难之处，还在于靠劝说或者警告是很难达到目的的。可当前教师吸引学生回到课堂时采用的主要是两种方法：一是劝说，二是警告，偏偏这是很难有成效的两种方法。当教师苦口婆心地劝学生要好好读书后，发现学生仍然不好好

读书，于是教师认为这种学生再也不可教了。可问题在于，教师为什么就不区分一下，究竟是劝说这种方式无效呢，还是学生本意就不接受你的劝说。当教师认为劝说无效时，也就是说，当教师认为自己无法吸引这位学生回到课堂时，就只好采用警告的方法了，要么用悲惨的未来去吓唬学生，要么要求学生请家长到学校来。前不久看报纸，说有一所学校，请调皮学生的家长，到学校来陪读，而且说效果很好。效果当然很好，关键是看这种效果是否真的有利于学生的学习。如果是为了折磨家长，如果是为了进一步激怒学生，为了把学生更快地驱逐出课堂，这种效果的确很好。其实，教师真正吸引学生的，是教师自己讲不出来的方法，而且很可能是与课堂教学无关的东西，比如教师的课堂魅力，教师对学生的关爱，教师自身的幽默。真正吸引学生的教师，总是在不经意间达到了目的；刻意去做的教师，反而往往让学生觉察出了教师的无能。所以，教师吸引学生最好的方法，就是首先让课堂吸引学生。

第三个问题：学生有回到课堂的必要吗？这也是一个不用回答的问题。学生不回到课堂，怎么会学习呢？如果学生不学习，还怎么称之为学生呢？可是，要让学生具有回到课堂的必要，前提是课堂要有利于学生的学习。教师的教是为了学生的学，当教师的教无助于学生的学习时，学生也就没有必要回到课堂了。那么现在的课堂是不是都有利于学生的学习呢？是不是有利于所有学生的学习呢？我看未必，不但不可能所有课堂都有利于学生的学习，而且课堂要有利于所有学生的学习，也是不大可能的。对于每一位教师而言，你能够保证你上的每一堂课都有助于学生的学习吗？

我们可以把教师的课堂分为两类：一类是表演类，另一类是教育类。前者以课堂本身的可欣赏性为标准，后者以课堂本身的实效性为标准。请允许我继续使用在珠海上课时讲过的一个例子。尽管学员"夸"我"上课真是口若悬河"，但听罢这样的评价，在喜形于色之后就觉得这样的评价有点不对了。"口若悬河"是对"我"的评价，而不是"对我上课"的评价。也就是说，上了几天课，上课的内容并没有给学生留下什么印象，至少上课内容给学生留下的印象还不及自己给学生留下的印象，这反而证明这几天的课是彻底失败了。这样的课，就是我们称之为表演类的课堂。表演类的课堂是最害人的，因为不管听者还是讲者，在表象上都会认为这样的课上得好。可事实上，这样的课对学生并

没有多大助益。试想，教师的口若悬河，是学生在短短几天内学得来的吗？真正对学生有助益的，是教育类课堂。教育类课堂，不仅仅要依靠授课教师个人的能力，更重要的，还要依靠授课教师对学生学习状态的透彻了解。只有教师为学生提供教育类课堂，学生才有必要回归课堂并接受教师的引导与帮助。

第四个问题：学生有条件回到课堂吗？假设前三个问题都已经解决了，也就是教师向学生表示了欢迎回归的态度，教师也有吸引学生回归课堂的能力与水平，教师还为学生提供了教育类课堂，学生就能够回到课堂吗？

在这种情况下，要让学生回归课堂，还必须解决很多前提性的问题。

其一，学生应该回归哪一个课堂，是表面上他所属年级的课堂，还是他力所能及的课堂。对于后进生来说，尽管他们人坐在五年级的教室里，可他们的能力所及的可能只是二年级或者三年级。很多教师，并不是为他们提供二年级或者三年级的教育教学，而是抱怨他们"笨"。更可怕的是，很多学校整体教学质量比较低，学校为了赶进度，学校整体拉高教学内容，使得学生整体失去对课堂的守护能力。

其二，教师与同学对他的刻板印象会改变吗？既然已经离开了这个课堂，在教师与同学中就形成了固定的印象：这个同学是离开过课堂的人。有了印象就有了期望，当他在课堂上有了好的表现时，哪怕相比其他同学这只是一个非常小的进步，教师和同学会因此而表扬他，还是继续漠视他，甚至怀疑他的成功？

其三，学生对自己在课堂生活中的未来还有没有希望？教师可以保证课堂是一个欢迎学生的课堂，是一个对学生有益的课堂，而且外在的制度与社会证明这个课堂对学生是必需的，但却不等于学生能够明白，这样的课堂对他的确有益。教育是一个长期的事，要让别人相信教育对人真的有用，这是一件很困难的事。很多的人都不相信教育的回报值得花那么大的投入。当社会形成这种意识以后，受教育者自己也就不会相信，教育会对自己有助益了。

对于远离课堂的学生，尤其是长期远离课堂的学生，要让他意识到课堂的确对自己未来发展有用，还真不是一件容易的事。

当然，难不等于不做，既然做了教师，我们就必须倾其全力，让学生回归课堂，喜欢课堂。

这是我们义不容辞的责任。

如何加强与学生沟通

阻碍师生情感沟通与交流的原因自然是来自两个方面：一是来自学生。现在的青少年视野开阔、思想活跃、接受新事物快，不迷信权威。同时，由于他们多是独生子女，对长辈与老师要求苛刻，"只知受爱，不知爱人"，缺乏对师长的理解与谅解，不愿意向师长敞开自己的心扉。这就给师生之间的沟通造成了障碍。

二是来自教师。师生之间的情感沟通，教师是主要方面，起主导作用。然而，我们的教师，特别是班主任不同程度地存在着"自我中心倾向"，尽管他们都知道"没有爱就没有教育"，也都清楚热爱学生是教师的天职，然而，在施教过程中，却时而溺爱无原则，时而又固守传统的师道尊严，在表现权威时显得缺乏民主。这种溺爱与专制相互牵制的矛盾，使得师生关系总是不那么和谐，再加上传统的教育观和学生观的根深蒂固，严重地阻碍着师生情感的沟通。从师生的角色地位分析，消除师生情感沟通的障碍，关键是靠教师，特别是班主任的努力。下面就谈谈怎样与学生沟通。

沟通是人与人之间交往的"工具"。交往的双方都处于主体地位，无论双方的地位、知识有多大的差异，也是民主平等的。师生交往也毫不例外。许多优秀班主任的经验告诉我们，教师的教育民主观念体现在承认学生具有独立的人格尊严。这些教师一般都不居高临下，不以权威者自居，一般都实行"契约式管理"。他们能够充分运用自身的非权力影响力，即人格与学术影响力，真正把学生放在与自己平等的位置上，尊重学生、理解学生、信任学生，和学生交朋友，努力创设融洽和谐的沟通氛围。

与学生之间的情感沟通，班主任的观念是先导。除此之外，还要掌握沟通的艺术。这对于直接建立民主和谐的师生关系，最终促进学生人格健全发展具有重要的作用。

语言是师生情感沟通的最主要的方式。语言沟通是师生双向活动，无论师生座谈还是面对面的个别交谈，都是一种思想、观念、情感的交流，因此，它以平等、尊重、信赖、真诚为基础。除此之外，那就要看班主任的语言艺术了。苏东坡曾经说过："言有尽而意无穷，天下之玉言也。"

非语言形式的沟通也是很重要的，这种方式往往贯穿于师生情感沟通的整个过程，对于进一步阐明观点、传递信息、表达情感具有重要意义，发挥着重要作用。

师生情感沟通是双向的，既然如此，在师生的交流中，班主任必须注意观察学生对自己的语言的反应——是欣喜、接受，还是将信将疑——以便随时调节自己讲话的内容；与此同时，还要鼓励学生发表意见，谈出他们的想法，作为班主任要学会倾听。

如何解决学生人格不健全的问题

人格示范法，要求教师，特别是班主任必须不断修炼自己完美的人格。用陶行知先生的话说就是，及时"建筑人格长城"，实现"以教人者教己"。因为人格同样是班主任做人行事的方向盘，是影响学生人格发展的诸多因素中最敏感、最核心、最重要的因素，它对培养学生健全人格起着重要作用。

另外，学生的向师性也要求教师必须具有崇高的人格。向师性是青少年共同的心理特征，强烈的模仿心理使他们自觉不自觉地把教师人格作为优化自己心理结构的参照系数和人生旅途的导标。青少年处于世界观、人生观形成的关键时期，如果教师能以高尚的人格去感召学生、熏陶学生，他们就会从教师的言行中学会怎样做人。尤其是现在的学生，其模仿心理也在发生着变化，他们求真理，善思考，不轻信，厌说教，崇敬于名人、伟人的品德，服膺于英雄模范人物的现身说法。他们在接受教师的教育中，往往在听其言的同时，还在观其行，而后才作出自己的抉择。由此看来，教师的人格在某种程度上决定了德育的成败。教师高尚完美的人格在德育过程中好比丝丝春雨"随风潜入夜，润物细无声"。其影响不仅是学生在校期间，而且在他们走向社会后将继续发挥作用，乃至影响其一生。

"人格效应"，即教师人格的示范效应。季羡林先生在学术界有崇高的声誉，除了因为他精深的造诣、严谨的学风外，还因为他的品格、他的高风亮节。季羡林先生在日常生活中没有一句说教，但此时无声胜有声，其身教、其人格形象的作用更大。德育作为一种人格教育，是使学生获得做人的范式或按一定的范式做人。这是德育取得实效的最重要因素。

　　课堂教学是培养学生健全人格的主要渠道，各科教材中有取之不尽、用之不竭的德育资源，应当充分加以利用。教学不能单纯重视知识的传授，还要恰当地进行人格陶冶，努力实现教学的人格化。人格化的教学，就是要使教学的每个环节都对学生有影响。要使其转化为促进学生人格发展的有益因素。教师既要重视教学中的认知目标，又要重视学生的感情，尊重学生的人格，唤醒被传统教学所压抑的主体意识，发挥学生的主体作用。我们必须深刻认识，学生的独立意识、自豪感和质疑创新精神比要达到的认知目标更为重要。

　　目前，班主任都十分重视班级文化建设，正在探讨、构建高品位的班级物质文化和精神文化。班级文化作为学生道德认识、道德情感、道德行为赖以形成与发展的德育场，正在广大班主任中进一步达成共识。因此，它不但能够千方百计地使班级的一草一木，甚至每一块墙壁都能对学生产生人格陶冶、精神感染，而且能真正发挥"文化育人"的作用，为学生人格的健全发展提供良好的环境氛围。

　　首先。要激励学生以主人翁姿态和集体主义精神为指导，主动参与班级环境的净化、美化活动。通过这一方式增强学生的归属感、荣誉感和责任感，提高他们的公德意识，完善他们的健全人格。

　　其次，要组织丰富多彩的班级文化活动，激励他们跳出个人的小圈子，在活动中与老师和同伴平等交往与密切合作，从而提高"社会兴趣"。与此同时，还要激励他们在活动中自觉地接受艺术的熏陶、哲理的启迪、榜样的激励，从而让自己的精神世界更加丰富，志向更加高远，人格更加完善。

　　学校德育的本质特征是实践性。人的德行的生成、发展、成熟，人格的逐步完美是在主客观相互作用中主体自身构建的，是主体在各种实践活动中体验、感悟而逐步实现的。只有把道德实践，即学生主体的道德践行当做人格提升、德性发展的过程，才能形成自尊、自信、积极进取的主体性人格和道德品质。

　　我国古代就有"积善成德"的说法，也有"不以善小而不为"的忠告，强调的就是人的道德修养和人格提升要从点滴的"善"事做起，逐步完善自己的崇高人格。俗话说："人之初，性本善"。青少年，特别是少年儿童都有一颗纯真善良的心。如果我们的班主任，能够对人性中固有的"善"进行提醒、提倡、张扬和开掘，就能够使中小学生的

"人性美"发扬光大。

这种"积善成德"的做法，克服了把班级德育目标定得太高的问题，坚持了把公民基本道德要求作为班级德育的基本目标。注重基础道德培养是符合青少年成长规律的，加之与学生实践的紧密结合，能使他们在实践中感悟到"将心比心"的道理，体悟到你希望别人如何对自己就应该如何对别人的重要性。

如何解决棘手的后进生问题

年羹尧拜师后，整日在花园玩耍，根本不好好读书。但是，老先生没有惩罚他，而是从旁认真观察，并对年羹尧的性格、禀赋、特长进行了三次试探性的调查。第一次，他关起门来"取胡琴弹之"，年羹尧闻琴声，突然破门而入，要求学弹胡琴，可不久就不学了；第二次，他又关起门来吹胡笛，年羹尧又破门而入，要求学习，结果又是中途辍止；第三次，老先生"戏习拳棒"，年发现后，破门"跃入"，坚决要求学习拳棒。老先生看出了他的特点，为了进一步摸清他的武艺，便让他与仆人比试，结果年羹尧将十名健壮的仆人打翻。接着，老先生又亲自与其比试。当确信年羹尧的特点后，却故意不答应教他练武，年羹尧急得跪下求师。此时，老先生才提出要学武艺必得读书的要求。年羹尧学武心切，一口答应。此后，老先生便成功地教他边读书边习武，终于使他成为文武双全的西征大将。

这件事告诉我们，教育像年羹尧这样的儿童，关键是要研究他们的全部个性特征。只有在教育教学中了解他们的个性，才能找到正确对待他们的方法，并在向他们施以影响时，不至于压制他们的个性，而是激起他们求知的欲望，培养他们的自信心。因此，可以得出这样的结论：为了最大限度教育好儿童，就应当最大限度地了解儿童。古今中外许多教育家、心理学家都重视学生之间"势"的"不同"，孔子根据弟子之间资质的差别，曾提出"对中人以上可以语上，中人以下不可以语上"的因材施教原则，这一原则一直被历代教育家和教师所接受和运用。教育家夸美纽斯曾根据学生的个性特征，把学生分为"有的聪明，有的迟钝，有的机灵听话，有的顽强而固执，有的为了掌握知识而努力追求，有的只满足于机械地学习"。不管这种分类是否科学，却说明学生

中的差别总是存在的。因此，根据学生之间"势"的不同，教师在教学过程中，应当既考虑优秀学生的求知欲望，满足他们的更高需求，又要便于基础较差学生的理解和接受，才能有助于他们在原有基础上的提高。那种把自己在教育措施上的失败归咎于学生是"天生愚笨"的教师，显然是不对的；而抹杀学生之间"势"的"不同"，其结果往往是事倍功半。只有详细了解，认真研究每个学生的特点，"因材施教"、"因势利导"，才能不断提高教育质量。施教中了解学生，因材施教固然重要，但是如果教师知识贫乏、兴趣狭窄也很难取得好的教育效果。

一个纨绔子弟成为国家的有用人才的事实告诉我们，如果教师，特别是班主任把自己的教育措施上的失败完全归咎于学生"生性恶劣"、"不可救药"显然是不公平的。教育的"失败"恰恰是导源于不了解自己的教育对象，或自身缺乏某种教育机智。教师既要坚持"孺子可教"，还要努力使自己"会教"。

如何全面了解学生

许多优秀班主任都有这样的体会：要教育好学生，首先要了解学生、研究学生，这是班主任做好班主任工作的基础和条件，是班主任制订和实施工作计划、解决班内各种问题、采取（选择）有效措施的依据。只有全面了解、深入研究学生，客观准确地掌握学生的思想情况、学习情况、身心情况和个性特征，班主任工作才能做到因材施教，才能达到科学性、针对性，增强实效性。正如苏霍姆林斯基所说："尽可能深入地了解每一个孩子的精神世界——这是教师和校长的首条金科玉律。"

班主任的工作对象是学生，因此就要全面了解、研究学生的个性情况和班里所有学生的整体情况，当然，也包括学生所处环境，特别是家庭环境对他们的影响。必须强调的是：在班主任所了解到的情况中，有些情况属于学生个人和家庭隐私，是不能外传的。

一、清楚整体情况

1. 起始年级要了解的内容

①学生的总人数、男女生比例和学生的来源。其中包括来自哪种类型的学校（一般校、区重点、市重点）和哪种类型的家庭（工农家庭、

公务员家庭、企业主家庭……）。

②学生的思想状况。共青团员人数及其所占比例；当过班干部、团干部、少先队干部的人数及其所占比例；被评为校级以上三好学生的人数及所占比例；获得过班级和校级单项奖励的人数及所占比例；受过这样那样处分的人数及所占比例，等等。

③学生的身心健康情况。具有各种心理障碍（包括存在紧张、焦虑、忧虑、狂躁、恐惧、敌对等心理障碍表现）和身体疾患（包括慢性疾病、眼睛疾病、残缺……）的人数和所占的比例。

④学生的学习情况。入学考试的成绩，优秀生、中等生和较差生人数及其所占比例。

⑤如果是小学一年级，重点了解其来自哪种类型的家庭和幼儿园，从中掌握他们所受的影响及具有哪些好的习惯和不良习惯。

上述情况基本上可以从学籍卡、学生心理档案和原班主任的评语中了解到。

2. 中途接手，班主任应了解原班集体发展情况的主要内容

①班委会、共青团、少先队组织的情况。其中包括干部队伍是否健全，素质水平如何，工作是否积极主动，团结合作精神是否较好，存在哪些需要解决的问题，等等。

②班集体和团队组织过哪些活动，对学生素质的可持续发展的作用如何，还需要解决什么问题。

③共青团员和干部能否发挥模范带头作用，还存在哪些问题。

④学生对班集体目标、班集体规章制度、班风要求的认同情况及为之达成所付出的努力情况，是否有归属感、荣誉感和责任感。

⑤学生之间的人际关系情况，是否能够互学互助等。

3. 分析班里的优劣势

上述情况了解清楚以后，班主任还要进一步分析研究班里的优势和劣势，并据此思考如何利用这些优势克服劣势，选择班主任工作的策略。这里边有以下两种情况：一是生源好和比较好的，二是生源差的。其优势与劣势也各不相同。如生源好的，班主任要分析研究以下几种情况：

①了解男女生比例，分析男女生性别和个性差异，研究如何发挥男女生的不同优势，实现优势互补。

②班里的团员、干部、三好生的比例较大，说明班里骨干力量多、

思想状况好，有利于班团队干部队伍的组建，能尽快形成班集体的领导核心。但是，也容易出现另一个问题，即原来当过班干部的，现在很可能名落孙山；原来经常被评为三好学生的，到了这样的班里，很可能沾不上边。因此，这部分学生可能会产生失落感，如何疏导他们的思想，不能不引起班主任的重视。

③学生入学成绩好，学习目的明确、积极性高、学习方法得当，这种优势自然十分明显。如果是生源差的班级也应根据上述三项内容找出优势和劣势，以便有针对性地开展工作。

二、了解个体

了解学生个体，其目的在于构建和谐的师生关系，实现因材施教，促进学生素质的可持续发展。需要了解的内容有以下三个方面：

1. 个人情况

学生个人的一般情况包括以下几项内容：

①思想品德情况：对国家大事的兴趣和认识；对劳动、社会活动和班集体工作的热心程度；与人交往的态度（诚实、礼貌、尊重人）；在公共场所的文明行为。

②学习情况：学生的各科成绩，对哪门学科最感兴趣或感到头痛；有无良好的学习习惯和较科学的学习方法；是否敢于置疑问难，能否独立提出问题、分析问题、解决问题；能否合理安排学习时间，学习实效性怎样。

③身心健康情况：身体发育情况（身体外形、身高体重和第二性征、内脏机能和疾病状况），对体育锻炼的态度和习惯，有无某种心理障碍，心理承受能力如何，等等。

④学生个人成长经历：有无影响其成长密切相关的条件（好的或不好的），生活习惯如何，其中包括劳动习惯、饮食习惯、卫生习惯、花钱习惯等等。

2. 个性特征

这是一个比较复杂，又是非常重要的内容，是班主任能否履行好班主任职责的最关键的一环。个性是一个人经常表现出来的、比较稳定的、带有一定倾向性的本质的心理特征的总和。其中包括：倾向性的心理特征，如兴趣、需要、动机、理想、信念、世界观；差异性特征，如性格、气质和能力；意识性特征，如自我调节、自我控制和自我完善等。

如何加深对学生的了解

在学校里，记载学生情况的书面材料不少，主要有学生的学籍档案，包括心理档案、班集体的工作日志，有的班还有"班集体荣誉簿"、成长记录袋，以及学生自己写的资料等。查阅、分析这些资料，可以帮助班主任了解研究学生的许多情况。

学生档案资料主要有学籍卡、历年的成绩记录、操行评语、体检表和相关的奖惩记录等。目前许多学校开始建立学生的心理健康档案，这些都是班主任必须阅读和分析的有用资料。

班里记录的资料，主要有班级日志、班（队）会记录、团（队）组织各种活动记录、考勤记录、奖惩记录、借阅图书记录。这些资料可以使班主任了解班集体的传统、特色和倾向；了解学生的兴趣爱好和特长；了解学生纪律状况和业余生活状况；了解班干部工作情况及其能力；了解班集体舆论和班风情况。对这些情况的分析与把握，是班主任做好工作的基础和条件。

学生本人记录的资料主要有学生作文、周记、板报（手抄报）稿、作业本、各阶段的考试试卷和入团（队）申请书等，班主任可以借此来了解学生学习态度和动机、兴趣爱好和特长、思想认识和品德、理想追求和目标、人际关系情况等等。

资料分析法简单易行，不受时间地点的限制，而且有些材料可在接班前进行查阅。当然，这种方法也有局限性，主要是因为它不是班主任掌握的第一手资料，可能是原班主任自己的观点，带有主观因素。因此，还要用发展的眼光，要在自己工作实践中通过听其言、观其行加以对照，作出正确判断。

查阅资料，班主任需要遵守学校的相关规定，向资料保管者说明意图，以取得他们的支持；对资料要爱护，阅后要及时归还，要对外人保密，否则会引起学生的反感，甚至抵触心理。

观察记录法是班主任了解学生的基本方法，需要班主任对学生的言行举止进行有计划的系统观察，并作好记录，为分析研究学生提供第一手材料。由于班主任和学生接触最多，相处时间最长，所以这种方法随时可以进行，非常简便易行。由于这种方法是靠班主任用眼睛去看，用

耳朵去听，而非道听途说，因此可信程度较高。

班主任要在自己的课堂教学的全过程中对学生进行观察了解。通过观察其预习、听课、质疑、复习、作业中的主动性、积极性、创造性等表现，了解其学习兴趣、专注的态度、学习的习惯，分析其学习动机和目标，掌握其存在的问题，以便有针对性地进行指导和帮助，培养其良好的学习习惯和自主学习的能力。

学生的许多好思想、好品德可以通过丰富多彩的活动中反映出来，因此班主任要在参与学生的活动中对学生进行广泛的观察，其中包括学生与他人、与班集体关系是否密切，能否主动参与活动，能否主动承担责任，能否具有克服困难的意志品质，能否具有承担各种角色的能力，能否与其他同学密切合作，等等。

在日常生活中，在与学生非正式交往中观察学生，可以获得非常真实的信息。学生的言谈举止、交往范围（人群）、情绪变化、服饰打扮、待人接物、环境公德、消费观念都会在日常生活中自然地流露出来。这些信息不仅是发生某种问题的迹象，也是班主任实施激励教育的由头。

观察后要作好记录（或追记）。为获得真实信息，一定要有一定的计划，确定观察对象、观察目的和范围、时间和地点，并把观察过程和平时的有意注意的地方结合起来，同时要保证被观察者的"常态"。班主任要做到对观察的学生不带有感情色彩，更不能抱有成见，切忌主观片面。班主任要努力创造师生之间的平等和谐的关系，营造班集体的良好氛围。这些都是在观察中获取真实信息的必要条件。

召开座谈会也是班主任了解学生的有效方法。运用这种方法，班主任要根据事先准备好的调查提纲，有针对性地选择参加座谈会的学生，向他们提出问题引导展开讨论，借以取得所需要的信息。运用这种方法，班主任要与学生一起讨论，互相启发，相互核实，使信息比较符合实际。参加座谈会的学生必须是知情者，必须有代表性，必须能够提供可靠信息。座谈会的人数以七八人为宜。班主任对与会学生要充分信任，虚心倾听，不能轻易打断学生的发言。座谈会的次数不能太多，一般在期中、期末时为总结班集体情况而召开；或班内出现了不明原因的偶发事件，需要了解情况征求同学意见，可采用座谈调查法。

问卷调查是有目的地向学生提出一些问题，要求学生书面回答，借以了解学生思想行为的一种方法。问卷调查分一般性调查和专题调查，

其关键是要以心理科学为依据设计问卷，以保证学生回答的真实性。问卷应包括标题、指导语和问题题目三部分。

标题是班主任利用问卷了解、研究学生的中心目的，是填答者首先看到的部分。标题要简明清楚，符合调查意图，同时必须注意不能因标题引起学生的不良心理刺激。如"中学生政治思想倾向摸底调查"这个题目就容易使学生产生思想顾虑而影响答案的真实性，因此就不宜使用。可改用"中学生一般情况调查"。

个别谈话是班主任为了实现一定的目的，通过口头问答的方式获取学生信息、交流思想的有效方法。一般来说，谈话双方是平等的、双向的，因此也称之为对话。谈话是一种古老的人际交往形式，也是教育教学须臾不能离开的信息交流方式。《论语》就是孔子与他的学生对话的生动记录。

从了解学生的角度出发，谈话法可以听到学生的心里话，了解学生的心理活动，加深对学生的全面了解。师生个别谈话能否成功，即能否听到学生的真实的心声，取决于班主任是否尊重学生、与学生平等交流和能否选择恰当的时机和适合的场合。

应学会怎样轻批重评

现在的青少年不再轻易地买"良药苦口利于病，忠言逆耳利于行"的账了，也不再轻易地相信诸如"幼苗须经园丁修剪才能成材"之类的话了。他们面对自己所犯过失，常常忽略自身的主观因素而夸大外界的客观原因，面对教师的批评，也常常怀有防范心理，甚至敌视态度。如果我们教师批评学生的过失没有顾及这些变化，依然一味地尖锐批评和严厉指责，那就不仅达不到批评的目的，反而会把矛盾激化。这就要求我们教师在批评学生的过失时必须像儿科大夫用"药是甜的"来规劝患儿用药一样，首先说些贴心、关怀的话，以此来消除他们的防卫心理，拉近师生的心理距离，给"评过"创造一种良好的条件和气氛。如初二男生夏某因父母闹离婚，烦躁不安、郁郁寡欢，一段时间常与同学发生矛盾，并因一件小事把一名同学打伤。我们在批评他的过失时，首先从关心他的生活入手，结果批评收到了良好的效果。

道德认识是道德行为和习惯的先导，是形成道德品质的基础。人们

的道德认识愈全面、深刻，其道德观念就愈明确、坚定，就愈有助于转化为道德信念、道德行为和道德品质。

在道德生活中，羞耻感是十分重要的道德情感，它能使人谴责与匡正自己不良的行为动机。马克思称羞耻感为"内向的愤怒"力量。人若丧失了羞耻感，道德就很难对他发生作用了，其缺点错误也就很难纠正了。因此，历代的教育家、思想家都十分重视培养人的羞耻感，并将其作为"立人、立德"的根本。顾炎武认为，"廉耻立人之大节"、"耻尤为要"。所以，"评过"要善于促使学生树立羞耻感，并善于利用学生的羞耻感，使其克服缺点，改正错误。帮助学生树立羞耻感要以热爱学生为前提，要做到一分为二，恰如其分，尊重人格，启发自觉，切不可用"没羞没臊"、"脸皮八丈厚"、"不知羞耻的东西"等语言挖苦学生。如若不然，就很容易使学生产生抵触情绪和逆反心理。

"评过"以知耻，知耻方能勇于改错；"评优"以知荣，知荣才能努力上进。每名学生都有其优点和长处，后进生也不例外。只有善于发现他们的优点和长处，并使之发扬光大，才可能帮助他们找到克服缺点的正确途径。

理想志向是鼓舞人们前进的精神动力，它能使人产生内驱力。一个人的理想志向越远大，其内驱力也就越大，社会责任感也就越强。正像高尔基所说："一个人追求的目标越高，他的才能就发展得越快，对社会就越有利。"所以，我们对学生进行批评的时候，要将"评过"与激志结合起来，即将"评过"与激励学生"为中华之崛起而读书"结合起来，与激励学生争做"四有"人才实现个人志愿结合起来。比如我们曾多次对一个学习较差的初一男生进行帮助，每次"评"其"过"时都是将重点放在激励他树立为"四化"建设而刻苦学习的远大志向上，不断增强其社会责任感。结果，这个学生不仅考上了重点高中，而且还考上了全国重点大学。

"金无足赤，人无完人"，青少年学生在成长过程中常因犯这样或那样的错误受到批评。班主任在批评学生之前，先要调查、了解情况，掌握第一手材料，切忌不分青红皂白，主观臆断地乱批一通，让学生蒙受不白之冤，挫伤学生的自尊心。教师要从实际出发，针对具体问题，进行公正客观的评价。"评"要做到对事不对人，使学生心服口服，真正达到治病救人的目的，让批评产生实效。

青少年学生因受不同的家庭、社会等各方面的影响，在心理、气质等方面存在着差异，作为教师，特别是班主任在评论学生缺点时就不能"千人一法儿"，而应该从学生的个性特点出发，因人而异，采用不同方法：以维护其自尊心，增强其自信。

班级舆论影响着良好班风的形成和班级各项工作的顺利开展。健康的班级舆论往往比教师个人的教育影响具有更大的作用。因此，班主任必须善于发挥班级正确舆论的作用，要从大处着眼，小处着手，调动班集体的积极力量，形成正确的集体舆论，规范班内学生的思想行为。

中学生早恋问题是个极敏感的问题，有的班主任发现这类问题就沉不住气，采取公开批评的办法，效果很不理想。对这类问题万万不能鲁莽轻率、公开批评，而应当采取个别谈心、悄悄批评的做法。通过老师的评说，使学生了解早恋的危害，尽快走出早恋的误区。

如何提高与学生谈心的效果

班主任与学生谈心是思想品德教育的重要手段之一，要提高谈心效果，应当努力做到以下几点：

一、创设气氛

创设相互信任的气氛，缩小师生间的心理距离，是提高谈心效果的前提。相互信任是一种心理现象。班主任作为学生的导师和朋友，应当与学生建立情感联系，增加情感的融洽度。班主任除了以高度的责任心和渊博的知识给学生树立起学术形象外，还要以尊重学生、关心学生、了解学生的抱负和志趣，对学生的爱憎、苦乐及时作出反应，奠定彼此理解的基础。唯其如此，师生才有共同语言，教师才能对学生施以有效的影响，从而唤起学生对班主任的信赖而乐于接受指导和劝导。

二、把握时机，选对环境

班主任和学生谈心必须抓住有利时机。一般来说，在学生处于气愤之时谈话，心理障碍就会产生，就不会有好效果；在学生取得进步或心情愉快之时谈，效果才会好。同时，谈心环境也是提高效果的重要条件。把谈心选择在最能解决问题的地方，使师生间在宽松和谐的环境中推心

置腹地交流感情、交换思想，班主任才有可能向学生施加有效的影响。

能否把握时机，选择最佳谈心环境，是班主任有无正确教育思想和教育机智的表现，这取决于班主任是否能够深入了解学生的心理特点、思维特点，站在学生的角度，用学生的观点去思考问题。

三、合理运用语言，选择恰当的谈心方式

谈心是班主任运用语言进行教育的方法。班主任应站在学生的立场，用便于学生理解和接受的语言，这样会使学生从中体会到教师的友谊而感到温暖，受到鼓舞。否则，学生容易从教师的语言和非语言信号中寻求拒绝和敌对信号，使谈心归于失败。

班主任把随心所欲的语言强加给学生，会挫伤学生的自尊心，效果不会好。因此，班主任的语言一定要实事求是，不夸大，不缩小。

为了防止或消除师生谈心时出现的分歧，班主任要善于随时运用"释义艺术"，向学生讲明某些话的含意，使学生便于理解和接受。

师生谈心，班主任的谈话声调、面部表情、动作姿态、仪表态度都会直接刺激学生的感官，引起不同的心理效应。运用好这些表达媒介，能使学生感受到亲切，受到鼓舞，无形中使师生心理距离缩小，表扬鼓励为主，在肯定优点的基础上指出不足，调动其自我完善的意念；在批评缺点错误时切忌不顾学生自尊心的单纯指责和讽刺挖苦。

要允许学生充分说明情况，陈述理由，甚至反驳班主任的观点。在出现分歧意见时，班主任要特别注意倾听学生的意思和心声，尽量站在学生的立场和角度去思考和理解，根据学生的心理特点和需要设身处地为他们着想。

谈心时要恰如其分地表达自己对学生的期望和无微不至的关怀。对后进生和犯错误的学生更要尊重、关怀，处理好"情与理"的关系，在以情暖人、以情感人的基础上达到以理服人。

班主任要善于利用学生容易接受暗示的心理特点，不把要说的话全盘托出，要运用暗示手段和委婉的语言提醒学生，启发他们的自我意识。

和善于思考、思维敏捷的学生谈心，可以采用设疑提问的方式，启发他们去作自我分析和评价。直接批评多用于对那些不服教育的学生。这种谈话方式，应体现爱生的感情和对学生寄予的诚挚期望。批评要注意场合，没有特殊情况，不能在集体或其他教师、同学面前公开批评。

怎样才能做好家访工作

家访是班主任工作的重要组成部分。家访在学校与家庭之间起沟通信息方面起着重要的作用，同时也是密切师生关系的方式之一。那么，怎样开展家访工作呢？

家访的目的一般有以下几种：

一是了解情况。如了解学生在家里的表现、活动规律和兴趣爱好；了解学生家庭的一般情况（家庭经济情况，家庭成员的思想、文化、兴趣爱好）和家庭教育存在的问题。

二是汇报情况。通过家访及时向家长汇报学生的情况（包括思想品德、日常行为表现、学习等方面），向家长介绍班级工作计划及情况。

三是指导家庭教育。帮助家长端正教育思想，纠正错误的教育方法（如溺爱、纵容、粗暴），共同制订教育措施。

家访是一门学问，班主任应潜心研究家访的艺术。家访之前，必须摸透被访学生的心理（欢迎、恐惧或抵制）和学生家长对子女的要求和态度，这样才能使家访工作收到事半功倍的效果。

中小学生的家长最关心的是自己的子女在学校的成绩和表现。所以，家访时班主任须带着学生的成绩（平时成绩、阶段测验成绩、期中期末考试成绩），以及平时表现（纪律、师生关系、同学关系、体育等）材料跟家长汇报，交换意见。

由于家长的文化素养、工作性质、教育子女的方法各不相同，因此班主任在进行家访时，谈话的方式和侧重点应有所不同。例如，对积极要求子女进步的家长，与之谈话时应首先从学生学习成绩和其他方面的优点谈起并予以充分肯定，以增强家长对子女的信心，然后再共同商讨如何进一步严格要求学生的问题。对满足现状的家长，除了向家长汇报学生的成绩和其他优点之外，应着重讲清学生的潜力和存在问题，使家长正视现实，打消自满情绪。

对不关心子女成长的家长，应向家长介绍班内学生的成长过程，及其子女进步的情况和潜力，启发家长奋起直追，激发家长对子女加强教育的热情。

对班干部和优秀学生的家长，在家访时除了肯定学生的成绩和优点之

外，还要着重找出学生的不足和弱点，要求家长不要放松对子女的教育。

对于存在旧教育意识的家长，不妨多介绍学生的优点和进步，以免班主任走后给学生带来不必要的皮肉之苦，导致师生感情的对立。至于学生的不足之处，可以用个别谈话来解决。

对于"护短型"的家长，班主任要多多提醒家长正确对待学生的缺点、错误，使学生努力改正。

对于"单亲家庭"和"继父（母）的学生家庭"，班主任要用慈母的心肠去关怀学生，培养学生的上进心。

对于"隔代家庭"的学生，班主任要向家长提出严格要求，希望家长严格要求学生，不要过分溺爱孩子或放任不管，对学生的思想品质和学习要多加关心。

班主任在自己的工作中，遇到以下几种情况必须进行家访：学生突然缺课而又原因不明，学生因病不能到校上课，学生情绪起伏较大而又原因不甚清楚，学生家中出现特殊困难或学生受到学校的某种处分。

家访时，还必须注意以下几个问题：

一是家访要有计划、有准备、有针对性，不要走过场。

二是反映学生情况要实事求是，不夸大不缩小。对差生要充分报喜，恰当报忧，不要"过量告状"。

三是与家长有了分歧意见，不要急躁、埋怨，要虚心检查自己的工作。

四是家访要经常，不要等到学生犯了错误时才去家访。学生有了进步也应及时家访通知家长。

五是要恰当运用现代通信工具进行家访，电话家访与在因特网上与家长交流也有其特殊功效。

如何解决学生与课任老师的冲突

学生跟课任老师的矛盾多发生在课堂上或课外兴趣小组活动中。一般来说，课任老师能够自己解决矛盾。但是，也有部分课任老师为图省事或无法解决矛盾，会请班主任帮助解决。

班主任在调查研究、了解矛盾起因时，首先要耐心听取课任老师的反映，请课任老师介绍跟学生发生矛盾的经过及其当时的处理情况，尊重课任老师的意见。除此之外，必须请学生本人和其他在场的学生详细

介绍当时的情况。班主任要在充分了解情况的基础上，进行全面的客观的分析，明确双方的责任。如果错误的确在学生身上，那么班主任就应该对学生进行耐心的教育引导，让学生认识到课任老师对他的教育是正确的，是为了他的进步。在学生承认错误和提高认识的基础上，班主任要鼓励学生主动地向课任老师认错，取得老师的谅解。同时，要教育学生尊敬课任老师，尊重老师的劳动。

班主任在解决学生与课任老师之间的矛盾时，不应掺杂个人的好恶和恩怨。例如，某个学生不守纪律，影响了课堂教学，老师采取的方法确实有不当之处，损伤了学生的自尊心，导致了矛盾的激化，一定不能因为该学生是后进生，就认为课任老师做得都对，学生活该、罪有应得。这种态度不但解决不了学生跟课任老师的矛盾，反而会激起学生对班主任的不满，加剧学生与课任老师的矛盾。再如，班主任本来就对某课任老师有意见，正好本班学生跟该老师发生了矛盾，也要公正处理，不能有意无意地流露出对课任老师的意见，这样不利于对学生进行教育，反而会助长学生对课任老师的不满情绪，导致课任老师无法上课。

为协调师生关系，班主任可以在班内开展形式多样的尊师爱生活动。如召开尊师爱生主题班会，邀请课任老师参加，并充分介绍课任老师的优点和成绩，以架起师生之间的感情桥梁。

课下发动本班学生开展访师活动，如了解课任老师的任课节数、备课和批改作业的繁重劳动，以及家庭负担，使学生充分认识老师劳动的艰辛，以激起学生对老师的同情、尊敬和敬爱之情。

学生家庭发生变故时该如何处理

学生家庭的变故经常有以下几种情况：家长患严重疾病或突然病故；家长出工伤事故；家长因犯罪受到法律制裁；父母离婚或下岗等等。

学生对于自己家庭的变故，有的能及时告诉班主任，有的则藏在心底，不愿向班主任倾诉。作为班主任要善于察言观色。家庭的变故，会对学生的精神造成严重的打击，甚至会造成不可磨灭的精神创伤。它将直接影响学生的思想、情绪。有的表现为上课无精打采或走神，有的表现为沉默寡言，有的表现为心烦意乱或脾气暴躁，有的则可能几天不到校上课。对于学生的异常表现，班主任一经察觉就要及时了解。班主任

除了要向学生本人正面了解，还应该作必要的侧面了解。班主任了解到学生家庭的变故以后，就可针对不同的情况开展不同的工作。

对于学生家长突然患病、出现工伤事故，或因病住院，班主任要及时到学生家中或去医院看望、探访，并对学生及家长进行精神安慰。同时，帮助学生安排好家务、学习和课外作业，以减轻学生的精神负担和压力，必要时可让学生提早回家料理家务或去医院看护。有条件的班主任还可以为学生家长找医生看病。

对于学生家长突然病故，在较长的一段时间内，班主任都要对学生进行精神安慰，并设法帮助学生解决由此而产生的各种困难，如建议学校为学生减免学杂费、发放助学金。

有的学生家长因犯罪受到了法律的制裁，这对于学生的精神无疑是一个重大的打击。有的学生因此而抬不起头来，感到无脸见人。对于这种情况，班主任不要把学生家长和学生本人混为一谈。同时，要对学生进行耐心的思想工作，并向学生明确表示"老师不会把你和家长同等看待。你应该振作精神，努力学习"。还应该让学生跟家长多通信，感化家长，以便家长早日获释。另外，班主任还要教育全班学生正确对待他，不要使他产生孤独感。

父母离婚会给学生的心灵造成极大的创伤，对年龄较小的学生尤为显著。为此，班主任要注意他们性格、生活和思想的变化。有的学生因得不到相应的母爱而变得性格孤僻，有的学生因得不到良好的家庭教育开始走下坡路，对于生活在这种家庭中的学生，班主任要给予特别的关心和照顾，让他们在集体中得到温暖。对于有可能走下坡路的学生，要采取必要的措施，防患于未然。

家庭的突然变故，有可能对学生的成长产生特殊的影响。班主任要善于了解情况，掌握时机，对学生进行必要的帮助和教育，使学生健康地成长起来。

如何教会学生树立健康的人生观

学生观是教师对学生本质属性及其在教育过程中的地位、作用的基本认识和态度。不同的学生观直接影响到教师对学生的态度和学生在教育过程中主体作用的发挥。因此，班主任是否树立了正确的学生观，直

接影响到班级教育工作的成败。

班主任要明确认识学生是自然属性与社会属性相统一的人。人具有自然属性，人作为一个有机体，其活动在有些方面要受生物规律的制约。比如学生的生理发展、思维发展等，都具有自然的属性。人更具有社会属性，人具有自觉能动性，具有思想感情和独特的创造活动。每一位学生都有自己的需要、愿望和尊严，都有丰富的思想感情和独立的人格。这一切正是教育的出发点。

班主任要正确认识学生是教育的主体与客体相统一的发展中的人。在教育过程中，学生是受教育者，是教育的客体。但他们并不是消极被动地像照镜子那样去接受教育，而是运用自己已有的认识和经验，能动地去接受。因此，学生又是教育的主体。班主任在工作中，要充分认识到学生是教育的主体与客体相统一的这一特点。

班主任要树立正确的人才观。现代社会需要各级各类人才，既需要高级技术人才，也需要一般的技术人才。班主任要树立正确的人才观，充分认识到每名学生都可能成才，做到"面向全体，因材施教"。

如何解决学生热衷打扮的问题

随着生活水平的提高，中小学生的服饰越来越丰富多彩，有些班级中出现了部分学生过分打扮自己、穿名牌服装、赶时髦的不良风气。针对这种现象，班主任应该正确做好爱打扮的学生的思想教育工作。

应当尊重和爱护学生爱美的天性。要充分肯定学生的爱美之心，让学生有充分的服饰选择自由，尊重他们以自己所喜爱的审美方式参与服饰的审美活动。要让学生明白爱美是热爱生活的表现，在此基础上对学生进行正确的审美教育。

要善于引导学生选择服饰，讲究服饰美。要向学生讲明：衣着打扮是精神状态和审美意识的体现；穿衣很有学问，学生的衣着打扮要适合年龄特征和身份，要活泼、美观、大方，不要成人化；要有利于身体发育，合体、舒适、方便；要适合自己的体型、性别及个性特征；中小学生的服饰应该以朴实、协调为主。为了使学生懂得如何打扮自己，要给他们讲一点美学知识。要让中学生懂得：过分刻意打扮，只能使自己的虚荣心得到满足，不能使自己真正变美，真正的美应该是心灵美、内在

美，而不仅是外表美。有些同学过分追求时髦、讲阔气，是缺乏正确审美观的表现。

怎样正确对待学生离家出走

学生离家出走是新时期出现的一个新问题，班主任要做好离家出走学生的教育工作。

首先，必须正确分析学生离家出走的原因。

学生生活中有些因素对青少年的心理产生不利的影响，如学习负担过重、教育措施失当、不恰当的惩罚挫伤了学生自尊心等，都可能造成学生心理负担过重，从而离家出走。

家庭正常结构的破坏、主要成员的不良行为的直接影响、父母教育方法失当等，可能造成学生心情苦闷抑郁，从而采取离家出走这种过激行为。

随着社会的开放，社会传媒现代化，社会因素对青少年心理发展的影响正日益增强。社会不良思潮和文化的影响，社会政治、经济生活中不健康因素的影响等，易于使意志薄弱而又缺乏辨别力的学生，被社会上坏人所引诱，从而离家出走。

其次，班主任要积极、主动地协助学校、家庭和社会公安部门，做好离家出走学生的规劝、教育工作。

班主任一方面要指出离家出走这种行为是错误的，是一种意志力薄弱、经不起挫折、逃避现实的做法；另一方面又要规劝家庭、社会及学校师生，积极地接近离家出走的同学，帮助他们，绝不能歧视他们。

再次，班主任要坚持与离家出走的学生家长保持长期、紧密的联系，共同商定教育措施。

怎样指导学生走出失败的阴影

当学生陷入失败的阴影时，班主任应该与学生一起寻找失败的原因。告诉他，在成功的道路上不可能不经历失败，失败只是暂时的，失败可以磨炼一个人的意志，使人更加坚强。当学生面对各种挫折和失败时，不妨鼓励他们把挫折或失败当做人生的挑战，从挫折和失败中吸取教训。孟子曾经说过："天将降大任于斯人也，必先苦其心志，劳其筋

骨，饿其体肤，空乏其身，行拂乱其所为，所以动心忍性，曾益其所不能。"班主任要引导学生学会正确对待失败与挫折。

以下提供几种具体帮助学生走出失败阴影的方法：

（1）合理发泄法。当学生陷入失败的痛苦之中时，最好能让学生把内心的苦水一吐为快，消极情绪在人心中压抑太久的话很容易产生心理上乃至于生理上的疾病。合理的情绪发泄也有助于帮助学生摆脱情绪的困惑，走出失败的阴影。当然，情绪发泄时也要注意度的问题，不可以乱发一气，以免给别人造成无谓的伤害。

（2）改变情景法。为避免再次给学生精神上的刺激，最好先让学生脱离失败的环境，换一个全新的环境，以此改变学生的心情。当然，要让学生彻底走出失败的阴影，光靠回避的方法是不行的，它只能暂时缓解痛苦，最终还是要学生自己面对，自己解决问题。

（3）注意转移法。如果学生一时不能从失败的阴影中走出来，班主任可以通过转移学生的注意力，引导学生参加感兴趣的活动。

（4）成功体验法。如果学生在学习上屡遭失败就会失去自信心，班主任可以创造一些有利的机会帮助学生获得成功，以此改变其受挫心理和自卑感，使其对自己产生胜任感和成功欲望，提高自信。

（5）榜样激励法。作家海明威一生中经历的挫折和失败是常人难以想象的。他14岁学拳击，第一次训练时被打得头破血流，可是第二天仍然缠着绷带出现在拳击场上；19岁应征入伍，曾被炸成重伤，体内带有弹片230块，先后做过13次手术，可住院3个月后，他又上战场奋战，获得了英雄勋章；20岁后开始写作，写了12个短篇寄给报社竟被全部退回，以后他改写小说，同样没能发表……直到1926年，他的《太阳也升起了》才获出版，并开始被人们认可，成为专业作家。班主任可以通过这个故事告诉学生：人走向成功的道路上总不是一帆风顺的，常常会遇到失败与挫折。有的人在失败和挫折面前退缩了，陪伴他的就只有懊恼和痛苦；有的人善于从失败中吸取教训，悟出道理，从挫折中锻炼意志，那么失败就会转化为成功。

如何解决学生逃学的问题

中学生逃学往往不是一种简单的原因引起的，班主任要冷静思考，

149

慎重处理，切勿操之过急。

学生逃学后，常常是看书睡觉，在外闲逛，或与有不良习气的伙伴一起鬼混，少数年龄大的也会外出打工挣钱。中学生逃学除了直接影响学习外，还会滋长不良的品行。他们逃避了学校教育和规章制度的约束，容易受到社会上不良环境的熏染。他们在外游荡，进入一些不宜进入的娱乐场所，有的中学生本来就有一些不好的行为习惯（赌博、迷恋游戏机等），离开学校环境后更是放纵自己，自由行为，同时在不良同伴的拉拢和坏人的教唆下易发生偷窃、打架等行为，甚至走向歧途。所以，中学生逃学是走向违法犯罪道路的一个危险信号，必须引起我们的高度重视。

1. 逃学成因

（1）学习能力薄弱。逃学者由于各方面能力弱，学习成绩差，对某些课程不感兴趣，觉得枯燥乏味，不想学，特别是随着知识难度的增加，学习上碰到困难时，讨厌做作业，怕上课，因而在学校里感到没劲，于是萌生了逃学的念头。专家的研究表明，学习困难是滋生逃学现象的主要原因。

（2）人际关系不良。青少年（尤其是初中生）正处于结伴年龄，心理上渴望有几个合得来的朋友。但有的学生目中无人，蛮不讲理或内心孤僻，没有处理好同学之间的关系；有的学生对教师的班级管理、课堂教学、事务处理等有很大的意见。他们因讨厌同学、老师、学校环境，于是就用逃学的方式躲避，逃逸到社会上去寻找乐趣。

（3）家庭教育不当。家长对子女有的宠爱有加，严厉不足；有的专横独断，耐心不足；有的放任自流，缺乏关爱。这些不良的家庭教育方式都容易导致学生丧失自信，变得自卑而逃学。

（4）个性心理缺陷。心理学家指出，在人的个性心理中有的人主动性强，有的人主动性弱。逃学学生往往与他们缺乏主动性是有密切关系的。许多逃学的中学生面对学习上的困难，不是想怎样去克服，而常常一感到厌烦就想逃避。因此，逃学是学习上被动性的显著反映。

（5）价值取向消极。在初中阶段，外界的力量不再是有效推动学生学习的主要动力。他们把当前的学习与将来的前途联系起来。然而，社会上总是有人抱怨知识贬值，读书无用，说什么读了大学连工作也找不到，等等。学生耳濡目染，必然会影响他们的求知欲，逃学便被那些

感觉读书无用的学生当做了最好的摆脱烦恼的途径。

2. 逃学特征

专家对经常逃学的少年学生的表现进行了调查，概括出他们的逃学行为的四个特征：

（1）临近上学前，心情变得不安。表现为如父母强制其上学，学生就会反抗。

（2）心情易变，行动异常。如早上情绪不安，午后恢复正常，夜晚高兴地安心看电视了，可能在睡前已经下决心"明天上学去"，但一到"明天早上"决心又不起作用了。

（3）生活习惯不正常。表现为上课、做功课时无精打采，而做其他事时，又变得十分轻松。

（4）缺乏主动进取的态度。表现为喜开玩笑，易受外界诱因影响，无长远目标，只求逃避眼前烦恼。

3. 辅导办法

综观以上学生逃学的原因、特征，班主任可以从以下几方面进行辅导：

（1）树立榜样，培养自尊心。加强学生自觉律己的教育力度，培养他们的自尊心、自信心和自制力。通过正面教育、言传身教的方法为学生树立榜样。

（2）稳定情绪，先辨明真相。发现学生逃学，首先要从关心爱护出发，让学生在生活上、心理上稳定下来。切忌在不明情况下斥责、打骂，导致学生失去对班主任的信任，丧失对生活的信心和热情，甚至造成更危险的"离家出走"问题。班主任可以用闲谈的方式了解学生逃学的原因，然后有针对性地进行教育。

（3）家校联系，耐心疏导。这是克服学生继续逃学的重要防范措施，特别是在学生逃学"初期"。班主任与学校要密切配合，在学习上耐心指导帮助，培养学生克服困难的决心，安排学习好、态度好的学生与他同坐，指导他参加有趣的课外活动等。如果是由于同学关系、师生关系不好等原因造成的，教师要帮助其及时排除矛盾。当他真正体验到班主任、老师的关心和信任，集体的温暖，以及自己在学习上的成功感时，便会自觉地改正逃学的不良行为。

怎样在家长会时与家长合作教育孩子

家长会是向家长报告孩子们进步的汇报会，是引导家长运用正确的教育方法教育孩子的交流会，是探讨问题解决问题的研讨会。其形式可以多种多样，可以老师讲，也可以组织家长们交流，还可以让学生汇报等等。

另外，班主任也可以作一些专题讲座。比如，培养学生创造能力的问题，培养学生健康的心理素质的问题，培养孩子非智力因素的问题，有效地使用正强化的原则的问题，和睦的家庭有利于孩子成长的问题，等等。

无论什么样性格的孩子，无论什么背景、什么家境的孩子，班主任都要力求做到一视同仁。

"一视同仁"对每个孩子都是有好处的，在条件优越、特殊待遇下成长起来的孩子不会有太大的出息。将来的社会是一个平等竞争的社会，每个人都要靠自己的能力生存。再说，老师如果做不到公平，就无法教育自己的学生。

家庭教育与学校教育相结合，教育效果好。家长与学校合作的具体做法就是，要重视学校的要求，配合学校的教育，鼓励孩子积极参与学校组织的活动，按学校要求去做。如果对班主任的工作、对学校的工作有意见，可以直接给老师提，但不希望当着孩子发牢骚，发泄对学校工作的不满，因为那样将会影响教师在孩子心目中的威信。教师没有威信，教育是非常难以进行的。当然，威信首先是由教师自己的言行在同学中树立起来的，同时也离不开家长的配合。

正确的教育方法是鼓励。教育孩子一定要以鼓励为主，要杜绝打骂教育现象，要尊重孩子，要发扬民主，民主型的家庭容易教育出创造型的孩子。打骂孩子伤害的不仅是孩子的皮肉，也伤害了孩子的心灵，不利于孩子的身心健康。

要注重孩子学习兴趣的培养，这是有长远意义的措施。用题海战术，增加作业量的办法提高孩子的学习成绩是不科学的。我不提倡家长在学生已经完成学校作业之后再继续留家庭作业。要把精力用在提高孩子的学习兴趣上去，这是比孩子现在得一个高分重要得多的问题。

要严格要求孩子，不能娇惯孩子。不能因为家里经济条件富裕，孩

子想要什么，就给买什么，孩子想干什么，就让他干什么，必须有节制，有引导。提醒家长，真正的父爱、母爱，孩子是懂得回报的。必须培养"为他人着想"的思想方法和习惯，这是心理健康的重要方面，也是一个孩子人格健全的表现。必须锻炼孩子的吃苦精神，不然将一事无成。

怎样利用教师备忘录监督学生

班主任会接收到来自学校外部关于学生的大量可信度不一的信息。其中一些信息自相矛盾，但大多数都是带着批评口吻的，尽管学生的表现很难让人满意。令人遗憾的是，我们本应将更多的时间和精力花在传递那些关于学生的鼓励性的信息上。

班主任需要做的就是通过具体的调查，对那些未经选择的评论进行拓展和补充，既可以是定期性的，如作为家庭的调查报告的一部分；同时又可以是偶然性的，如在会见学生家长之前对学生进行全面的了解。一些学校为此制订了标准的评估表，一些班主任却更喜欢给他们的同事寄送简单的通知。

班主任主要是从学生每日所上交的作业本和练习册中获取相关信息，他们不可能定期对所有作业都进行认真审查，因此我们建议抽取每个学生的作业样本作为对象，进行评估。班主任无须成为某一学科的专家就能对学生有一个全面的了解，但也只有班主任有权利从整体上对学生的作业进行审查。

如何参与"行为提升计划"

提倡积极行为的体制，如自信心培养，可以保证对学生的选择提供正确的引导。但值得注意的是，这也可能诱发"自动"的引导。通过公开地对事件进行调查，找到问题间的联系，明确学生潜在的学习目的来避免其发生。这使班主任可以在学生和教职人员之间协调一致，使自己的工作更有效率。

问题在于，如果班主任没有足够的空间和信息用以参与到这个体系中，人们就会产生一种错觉，以为整个体制能够独立运行。我们应该知道，这样的体制只会阻碍，而不是促进班主任的工作。如果技术上运用

得当，班主任完全可以出色地完成所负的辅导任务。

在一个学校的专业人员体系中，尤其在参与到行为提升计划的体系中，核心工作人员越来越为人所熟知。核心工作人员可以专门负责一个处于危险之中或有特殊需要的未成年人以协调不同机构间的工作。班主任有时可以担任核心工作人员这一角色，如果不是由班主任担任这一角色，那么两者的关系，尤其是在资源共享方面，应经由两者认真讨论后达成一致。这可以防止班主任被排除在行为提升计划之外，在其他任何非教师处于领导地位而又与教师相关的体系中亦是如此。

怎样分析研究后进生工作

分析研究后进生，首先应当对其有一个总的估计和认识，这是分析研究的基础。要看到后进生的长处和优点，哪怕是一点一滴的成绩和优点，也要充分地加以肯定，这是后进生前进的动力。在肯定成绩的基础上，分析后进生后进的现状和原因，因材施教，激发他们的积极性，启发他们的上进心，使他们逐步向好的方面转化。其次，在分析研究后进生时，要特别注意用发展的观点来看待他们。既要看到后进生的过去，又要看到后进生的现在，还要看到后进生的发展变化。

分析研究后进生，必须掌握正确的方法。下面介绍几种常用方法：

1. 比较分析研究法

比较分析研究法是班主任工作中常用的一种方法，分为纵比和横比两种。

纵比可以使我们发现后进生在某一段时间内是停滞不前还是有所变化，是进步了还是落后了，是向好的方面转化了还是向坏的方面转化了。例如，某同学在期末考试中各门成绩平均分为 50 分，期中各门成绩平均为 43 分，虽然期末考试平均分仍不及格，但和期中成绩比较起来有大的进步。通过纵比，我们发现这位同学是在不断进步。

横比一般是把某一事物和其他事物进行比较，以发现它们之间的异同。仍以上面的例子为例，如果全班同学各门成绩的平均分为 67 分，该同学在班上的名次是倒数第五，通过横比，我们发现虽然该同学有进步，但他在班级仍属后进生之类。

2. 因果分析研究法

班主任采用因果分析法分析研究后进生，是指对后进生所表现出来的言行从原因结果的联系方面进行分析研究。

一般来说，形成后进的原因主要有社会原因、学校原因、家庭原因、自身原因。找准了原因，教育才会有的放矢。

在一些具体的事务上，班主任也要用因果方法来分析。如某位后进生迟到了，对这件事也许有两种处理方式：一种是不问青红皂白就加以处罚一顿，一种是先问明情况再加以处理。显然后面一种方式是可取的。后进生迟到，总会有迟到的原因，也许是睡懒觉了，也许是路上玩耍去了，也许是在路上做了好事了。不同的原因，班主任处理的方法也会不同。

运用因果分析法还可以对后进生的未来情况加以预测。如某位后进生的父母离婚了，对这位同学是一个沉重的打击，心灵会受到很大的伤害，这件事很可能引起这位同学学习上的滑坡。

教师在作了这些分析之后，就可以有意识地多给这位同学些关怀、照顾，弥补其心灵的创伤，使其学习上不会滑坡。

3. 系统分析研究法

这种方法要求班主任对后进生的具体情况进行有时间性、专题性、层次性的系统归纳和科学分析、研究，得出正确的结论，制订有力的措施，搞好班主任工作。这种方法是在广泛系统地了解后进生情况下进行的。为此要弄清每个后进生的优点、缺点和特点，充分掌握后进生的兴趣爱好、思想品德、学习情况、身体情况、个性和交往等情况。特别是要从后进生的成长过程、教育过程、学习过程、世界观形成过程中，系统地客观地进行分析，掌握后进生每一个方面的系统情况，从中总结出后进生成长的规律等。系统分析中，要防止就事论事，更不能就后进生的一时一事的表现而肯定一切或否定一切。这样才能做到情况明了，指导思想明确，工作方法得当。

4. 趋势分析研究法

趋势分析研究法是根据事物发展的动向，在思想（头脑）中经过反复的思考，对事物各个方面进行具体分析，再综合起来把握矛盾的总体，深入到事物的本质，抓住事物发展规律的一种科学方法。这是一种把握苗头、分析动向、研究因果、及时育人的好方法。为此，班主任首先要注意后进生的某些"苗头"，观察是向好的方面发展还是向坏的方

面转化，如果是向好的方面发展，就应加以引导和指导。反之，就应及时进行制止和教育。由于后进生自制能力差，又缺乏认识和识别能力，很容易受到外界的影响。班主任要注意观察、分析，要有超前的预见性，随时随地注意分析研究后进生的发展趋势，从而拟订出工作部署、教育计划，确定工作的内容、要求和做法，以便引导后进生向好的方面发展，使班主任工作适应新的情况，解决后进生中出现的新问题。

怎样评价后进生

1. 给后进生创造得到肯定的机会，及时注意他们的点滴进步

对后进生评价的目的，不在于否定他们，而在于调动他们的积极性，调节他们的行为。后进生如果总是受到否定评价，他们就会丧失希望。

我们必须善于捕捉和发现，并及时通过评价，使他们的进步得到肯定，使他们的成功成为有形的实物。在成绩评价中设立"进步分"，对后进生设立"后进生进步奖"等，都是很有效的办法。除了捕捉后进生的成功外，还要为后进生创造成功的机会，一旦成功，要及时给予鼓励性的评价。如特意为他们设置一些较容易的问题进行解答，让他们从事一些有益的工作等。

2. 克服简单化，寻找内在原因，及早发现障碍

很多教师习惯以分数作为评价的手段，对后进生的评价也只不过是"坏"、"差"，或"不及格"而已。这种简单化的做法，不仅不能全面地评价后进生，而且也难以提供有效的信息。

教育评价必须为教师教学和学生学习的改进提供充分的信息。因此，在对后进生进行评价时，必须对后进生作全面细致的分析。分析他们后进的原因，分析他们的心理状况，分析他们的知识缺陷，分析他们的学习方法。

3. 确定合理的评价目标

在实际的教育工作中，对学生应有一致的高要求，但在评价时必须考虑学生差异，不能用统一的目标来衡量学生，要为后进生确定出适合于他们的评价标准。为了逐步调节，使他们向统一的高要求看齐，还要为他们确定短期目标、中期目标和长远目标。这样，他们在低目标达到的情况下才有可能向更高目标看齐。一定要避免操之过急，否则只能适得其反。

4. 慎重使用否定评价

在教育工作中，为了慎重使用否定评价，必须注意使用否定评价的时机和场合，必须避免使用让学生感到绝望的斥责方法及喋喋不休的斥责方法。另外，教师在使用否定评价时，要尽量附有必要的解释：怎么和为什么不成功——在必要的情况下，还要考虑给予帮助。

5. 建立良好的评价环境

教师对某学生有好感，那么，学生就容易接受他的评价。这就是评价环境因素的作用。为了建立良好的评价环境，教师首先要树立自己的形象，以身作则。这样学生才能对你有好感，愿意信服。其次，在感情上对后进生要有爱心和责任心。在现实中，很多教师"爱优嫌差"，对后进生不是挖苦、讽刺就是不抱期望，采取放任态度，不能主动满足他们需要，不重视他们的合理意见，不尊重他们的情感。教师与后进生的关系十分紧张。在这种环境之下进行评价，评价只能起到相反的效果。

6. 引导学生自我评价和相互评价

教师的评价最终要通过学生的自我评价而起作用。有的教师不注意引导学生形成自我认识，总习惯于劝导和说服。虽然有时也能改变学生的行为，但由于学生把自己行为的改变当成被说服的结果，而不是归因于自己的选择，因此这个新的行为很难持久。我们要想真正改变学生的思想和行为，就必须把他人的认识转化成学生自己的认识。一般来说，后进生的自我评价能力较低，这就需要我们善于引导他们，使他们能够进行自我分析、自我解剖，正确地估价自己。每开展一次评价活动，都要有自我评价阶段。提高后进生的自我评价能力，就可以缩小教师评价与学生自我评价之间的差距，从而提高评价的效果。有实验证明，中小学生非常重视同伴对自己的评价。对他们来说，同伴的评价甚至比教师的评价更能影响行为。所以，我们还要注意引导学生进行相互评价。这样不但可以提高学生的自我评价能力，而且有利于评价功能的充分发挥。

7. 重视评价的整体性和动态性

在教育工作中，教师总愿意根据考试成绩将学生分类。不少教师把眼睛只盯在考试成绩上。如果一个学生成绩不好，他就被视为一无是处，这种做法对后进生特别不利。对后进生的评价不能只看考试成绩，必须全面衡量各方面的情况。既要考查学习结果，也要考查学习过程；既要考查知识、能力，也要考查思想、情感、态度、习惯；既要考查坏

的方面，也要考查好的方面。只有通过这种整体性的评价，才能促进后进生的学习，引导他们向健康的方向发展。

怎样分清后进生的类型

第一种：品优、学优、智劣型后进生的特点及教育策略

这类后进生的主要特点是思想进步，学习踏实认真，自尊心强。但是，他们以往优秀的学习成绩完全是靠勤学苦练得来的，而不是靠聪明才智得来的。因此，随着年级的增高，知识难度的增加，学习就越来越感到吃力。对待这类后进生，应注意促进他们智力的发展，注意教给他们学习的技巧和方法，多做一些综合性的智能训练，提高他们思维的敏捷度。

第二种：品优、学劣、智优型后进生的特点及教育策略

这类后进生的主要特点是对学习不感兴趣，甚至把学习视为负担，而对人和对工作则表现出极大的热情和责任心，并有较高的组织、活动能力。他们的学习成绩不好，并不是由于智力因素引起的，而是由于不能正确处理工作与学习的关系所致。因此，对这类后进生主要是帮助他们真正理解为四化建设而努力学好文化知识的道理，提高他们的学习兴趣，使他们端正学习态度，明确学习目的；对他们学习中遇到的问题和困难，要及时加以具体指导和热情帮助，使他们很快地赶上去。

第三种：品劣、学优、智优型后进生的特点及教育策略

这类后进生的特点是头脑聪明，反应迅速，学习成绩好，并能善于应酬，能说善道，在一部分同学中有一定威信，然而这类后进生常表现出对集体的不满情绪，有对抗教师权威的心理。对待这类后进生，一定要大力加强思想教育，最好能以他们的优点逐步克服他们的缺点，从集体主义教育入手，以集体的荣誉感来克服他们的缺点，如通过参加集体劳动和智力竞赛等发挥他们的才能专长，引导他们为集体做好事，逐渐培养他们的集体荣誉感，但对他们决不能迁就，更不能以学习好来掩盖品质不好的方面，否则是很危险的。

第四种：品优、学劣、智劣型后进生的特点及教育策略

这类后进生的特点是反应迟钝，学习成绩差，有较强的自卑感，但他们都是品行端正、踏实肯干的"实干型"学生。对这类后进生，在

学习上应多鼓励，经常创造条件和机会，使他们感到自己在进步和前进，而不是在落后和退步。教师对他们的要求也不能操之过急，一味要求他们像尖子学生那样学习，要注意使他们感到，他们在学习上没有受到歧视和冷遇，而是每时每日都有变化和进步，纵使这种进步和变化是微小的，也要充分及时给予肯定。

第五种：品劣、学优、智劣型后进生的特点及教育策略

这类后进生的特点是一天到晚埋头于读书，对学习抓得很紧，因此学习成绩较好，但对其他一切事则不感兴趣，不愿参加集体活动，缺乏组织观念，学习目标狭窄，缺少系统、长远和计划性，把分数和名利看得过重，爱嫉妒他人取得的成绩和进步，不善交际，个性孤僻，以自我为中心，不愿与别人交流学习经验和方法。对这类后进生，主要的教育策略是思想教育，让他们端正学习态度，树立远大的理想和抱负，注意使他们虚心地向别人学习经验，改进学习方法，多参加集体活动，培养集体荣誉感。

怎样根据后进生的特点改进教学

根据后进生的特点，教师在教学中应当做到：

1. 要克服方法和要求的单一化，使之多样化和层次化

为使课堂教学真正面向中后进生，这里提供两种值得注意的方法。

第一，改变课堂训练的结构，变单纯的整体训练为分层次训练和个别训练，主要指课堂教学从讲授、提问、练习到作业诸环节要设计出不同层次的内容和要求。例如，在一节课上给一些学生布置三至四道习题，而给另一些学生布置一道习题；给一些学生布置一道较复杂的习题，而给另一些学生布置一道较简单的习题；对一个学生提出较难的问题，而对另一个学生提出较容易的问题，等等。

第二，建立序列训练程度。序列训练，就是将所学知识由易到难，由简到繁，由低级到高级，根据知识的内在联系，用不同形式设计出一个题目序列，让学生按序列要求训练。这种训练使后进生每前进一步都有较坚实的基础，都有一个小小的突破。序列训练须有口答、填写、改错、选择判断等形式。

2. 提高教学艺术，力求做到教学生动有趣

课堂的教学效率取决于学生的参与程度，后进生缺乏学习的主动性和持久性，呆板的教学会使他们丧失兴趣乃至产生厌烦情绪，降低收效。教师课堂教学的教态、语言、板书对学生起着潜移默化的作用，教师讲课是否生动有趣，不但起到调节课堂教学的作用，而且使学生精力集中，记忆深刻。

3. 抓反复、反复抓，解决后进生遗忘率高的问题

后进生反映在教学中的另一个问题是"一听就会、一做就错、一问就忘"。简言之，也就是遗忘率高。为此，教学中应注意抓好以下几个问题：

①教学中要逐步克服后进生的依赖心理和思维定式，有意识地培养他们的记忆品格和方法，使记忆逐渐由机械型转化到理解型。

②教学中要注意对知识体系、结构和规律的研究，使单一的知识融会在知识的整体之中，形成知识的点、链、网结构，给学生以整体的观念，因为整体化和规律化了的记忆才是高效的和深刻的。

③抓反复、反复抓。抓反复是指通过多次再现已学知识的方法。对一般好学生一次可接受的知识，对后进生可多次反复，通过连续强化，在后进生的头脑中打深记忆的烙印。对后进生出现的反复现象，教师应持以理解和关怀的态度，注意通过感情渠道的沟通，了解后进生反复的原因，对症下药，采取补救措施。切忌对反复次数较多的学生产生厌烦情绪。同时也应注意，反复并不等于单纯的补课、重复，而应是在全面掌握重点内容的同时，注意旧知识在新知识中的应用和联系，寓反复于课堂教学内容的机体中。

如何优待后进生的学习

多给后进生提供"优待"条件，是转化后进生的重要方法之一。

1. 让后进生坐前面

排座位时，让后进生坐前面，以便授课教师直接看到学生的笔记、演算、作业情况，直接了解差的原因：是不愿学，还是不会学；是知识缺漏，还是学习习惯差。了解了原因，有利于采用有针对性的措施提高后进生成绩。另外，让后进生坐前面，有利于听清、看清；处于教师眼

皮底下，还有利于后进生集中注意力。

2. 多让后进生回答问题

教师多让后进生回答问题不仅能促进后进生的思维变换，还能及时发现问题，及时得到信息反馈，在课内或课外就能有针对性地补缺补差。

3. 多板演

后进生基础差，教师上课时如果只是学科讲授，而不配合比较具体细致的板演，后进生就很难理解和接受新的知识。所以，教师上课一定要多板演，必要时还可单独给后进生板演。

4. 多面批

后进生的作业一般都较差，教师当面给后进生批作业，边批边指出错误之处，再当面指导订正，直至做对为止。

5. 多写鼓励性批语

后进生学习成绩无论是进步了还是没有进步，教师都可针对实际，在作业本上写些鼓励性批语，如"你这阶段学习成绩进步了"、"成功属于不怕困难的人"、"贵在坚持"、"真高兴，你改对了"等。

6. 多给奖励分

给后进生作业打分，教师可采取期效式的激励，多给奖励分。平时只要能完成教学基本要求的，教师应当给高分。在规定时间内，后进生能独立完成作业，答案正确，虽然少做一两题，可照样给满分。若不及格，可暂不打分，教师画出作业错处，发还后重新更正，然后再打分。

要了解后进生的心理情况

1. 逆反心理

这是一种与教育作用相斥的心理。表现为：你越是这样，他偏要那样，故意"对着干"。

2. 称霸心理

这是一种为了过分展示自我的变态心理。表现是：企图通过某种手段确立自己在群体中的中心地位，让他人"俯首称臣"。

3. 猎奇心理

这是一种与生理发展协调的心理。表现为：求知欲的异化，好奇心

的变态。

4. 模仿心理

特别是对他们所崇敬的人的一言一行都要仿效；也喜欢模仿影片中的打斗、抢劫杀人、侮辱妇女等行为。

5. 报复心理

这是虚荣心受到损害后所产生的一种病态心理。

6. 模糊心理

这是由于思想不成熟而导致的一种心理。表现为：良莠不分，好坏不辨，是非不清。往往把冒险当勇敢，把轻率当果断，把亡命之徒的行为当做英雄行为。

7. 相容心理

这是由于共同的思想基础而导致的一种心理。表现为：同"类"相容，同"病"相怜，"交叉"感染。后进生与好同学难得玩起来，相反，后进生与差生容易结成团。

8. 虚荣心理

这是一种自尊心发生异化后所产生的心理，如爱面子、讲排场、摆阔气。

如何正确选择与后进生的谈话方式

1. 接近式谈话

在与学生个别谈话时，对学生的错误不是"和盘托出"，而是逐步提出，由浅入深，先谈双方共同的话题，使师生变得亲近，不至于一下子"谈崩"，这种谈话法常对那些缺点较多、自尊心较强、谈话前持有防御心理的人比较合适。

2. 直接式谈话

开门见山、一针见血的谈话常常适用于那些勤奋好学、成绩优良、尊敬老师、团结同学，能正确认识自己，但又不大正视自己的缺点错误，持有揣测心理的优等生。教师对这样的学生直截了当地指出问题，有理有据地严肃批评，往往会冲破其心理防线，促使其承认错误，从而达到严格要求的目的。

3. 参照式谈话

运用对比的方式烘托出谈话内容，使学生在参照物的对比下感到客观上的某种压力，促成自我认识。它常适用于那些盲目性大、变动性大、忽冷忽热、易受感化的学生。

4. 触动式谈话

主要适用于那些长期形成了惰性、行动散漫、自我意识浅薄、抱无所谓的态度、不正视自己所犯错误的学生。运用这种方法，应立足于以"情"触动，真诚地通过谈话内容和语调的强刺激促其醒悟。这种方法要慎用，用得不好，往往会产生负作用，形成师生的对抗现象。

5. 商讨式谈话

这种谈话主要是教师以商讨问题的口气将学生的不良行为变换角度提出来传递给学生，造成一种平等商讨问题的气氛。这种方法适用于那些犯有错误尚无悔改之意，认为教师是在"整自己"的反应迅速而脾气暴躁的后进生。

6. 发问式谈话

把谈话的内容用提问的方式表达出来，让学生自己思考，在思考中达到自我醒悟、自我认识。这种方法一般适用于各方面比较成熟、有一定思考接受能力、性格内向的优等生，同时也适用于那些脑筋机灵、敏感好动而又爱做坏事的后进生。

7. 布置式谈话

这是一种传达某些信息、交代某项任务的谈话。这种方法适用于品学兼优而又听话的优等生，也适用于那些既顽皮又热爱劳动、有一定自尊心的后进生。使用这种方法常常是先鼓励或表扬，使学生产生喜悦心理，然后再布置任务，使学生在完成某项任务的过程中受到教育，受到启发，得以转变。

8. 鼓励式谈话

这是对学生的成绩、优点、长处给予肯定和表扬，或者对学生克服了缺点错误有了进步及时给予鼓励、表扬的一种谈话。使用这种方法一定要注意扬抑结合，在表扬鼓励之后，要指出其存在的问题或缺点，鼓励其加以克服，从而达到教育的目的。

9. 启发式谈话

针对学生的某一问题，在谈话中加以点明，进行启发诱导，使学生

在思想认识上提高一步。这种谈话适用于那些不善言词，与老师见面后动作拘谨、词不达意、有紧张心理的学生。

10. 慰问式谈话

当学生遇到困难、疾病、灾祸时，老师给予安慰问候和予以帮助所进行的谈话。这种方法常常能够消除某种误解、隔阂、疑虑，使学生产生悔悟心理，感到教师亲切可敬，自己应该对得起老师，从而对自己的缺点有正确的认识并加以改正。

要培养后进生的哪些学习习惯

1. 培养认真做作业的习惯

要求学生作业干净整齐，做作业时看清想好才下笔，特别注意不要抄错数字和运算符号，尽量避免因粗心造成的错误，尽量少涂改，做到少用或不用橡皮擦。

2. 培养有错必纠的习惯

作业本发下去以后，要求学生首先看看作业中有无错题，对错题要寻找分析错误原因，及时纠正，避免错误对新学知识的影响。

3. 培养按时完成作业的习惯

有的后进生不能很好地利用时间，课堂作业布置后不马上动笔，东摸西看，浪费时间，别人已经做了几题，他还在找笔找纸，一点紧迫感也没有，往往时间到了，还有好几题未做，因此成绩总上不去。为了使他们克服这个坏习惯，要严格训练他们做好课前准备工作，要求他们作业一布置，立即动笔做。经过反复的重点指导训练后，有这种毛病的后进生逐渐加快了作业速度。形成习惯后，他们在测验、考试中也能按时完成，成绩跟着提高了。

4. 培养独立思考的学习习惯

有些学生往往是因贪玩或不懂，为了应付而抄袭作业。针对这些情况，除了要他们重新做作业外，还教育他们正确处理好作业和玩耍的关系。同时，每节课都要注意掌握他们的学习情况，及时辅导，并鼓励他们不懂要敢问，对有进步的在班上进行表扬。

在做后进生转化工作时要遵循什么原则

1. 相信每个学生的能力，并力求让学生感受到这种信任。

2. 对学习后进生来说，必须有一个熟悉材料的过程。不要催促他，要学会等待，直至学生取得成功。

3. 必须根据后进生原有的水平开展工作。要知道，经过一段时间，他们也将分化，分成能力较强、一般和较差三种。学习能力较强的接受得最快，学习开始很快进步；中等程度的则会努力追赶能力较强的；较差的则需要不断给予帮助。

4. 反复复习基础教材，是做好后进生转化工作的一种方法。每堂课都是前次学习的延续，都对学习的深入起一定作用。如果教师从15—20节课所包含的课题中能选出主要的问题，那么随着每天的复习，所有学生最终均能掌握这些问题。

5. 不要追求庞杂的教学内容，要善于选择主要的东西，讲述它，复习并巩固之。

6. 交往乃是任何一种教学方法的重要组成内容。如不与学习后进生开展交往，就不可能收到教学效果。

7. 要学会管理班级。教师讲述教学内容时，学生都应注意听讲，不要书写。叙述一部分材料后，立即着手巩固，让学生记下，然后再转入后一部分学习材料。学生在课堂的活动形式应该丰富多彩，譬如：用3 4分钟时间让学生认真听说；2—3分钟巩固、复述已讲的主要内容；3—4分钟从黑板上抄写，等等。这一切可用全班展示和独立作业等方式加以充实。

8. 学会引导能力强的学生去教能力差的学生学习。在这种情况下，三个方面均能得益：优秀生能巩固已学过的知识，后进生能真正从事学习，而教师则取得了帮助学得最差的学生的时机。让一个学生到黑板上练习，这种做法收效最差。要学会将全班教学的组织形式与个别帮助每个学生有机结合起来，并以此方式展开教学过程。

9. 由于学习后进生的抽象思维能力发展迟缓，最好从发展直观形象思维入手。应当从业已学过的材料中去寻求这种直观形象。要把引人入胜的教学方法（包括音乐、诗歌、图画、滑板、形象化表演等）引

进授课之中，它们将有效地影响学生的情绪、情感、学习兴趣。

处理后进生转化中的三个问题

1. 表扬与批评的关系

后进生经常处于"被告"地位，他们经常看到的是老师和同学的白眼，感受不到集体的温暖，丧失了进取心，对批评特别是公开批评产生逆反心理。因此，对后进生应以表扬为主，表扬他们的闪光点和点滴进步，以激起他们希望与进取的火花。要以批评为辅，尽量避免在公开场合的批评。在批评时应慎重，做到适时，适度。适时，应在后进生具有正常心态的情况下进行，切忌在他们失去理智的情况下"火上浇油"；适度，批评应循序渐进，切忌批评的失真。

2. 严格要求与耐心说明的关系

后进生的缺点与不足较多，没有严格要求就没有后进生的转变。但严格要求应考虑后进生的心理承受能力，即根据后进生的具体情况，采取区别对待的办法；不断提高对后进生的要求，逐步到位，切不可操之过急。两者的关系应是耐心说服基础上的严格要求，在严格要求指导下的耐心说服。

3. 惩前与毖后的关系

教育后进生应始终立足于教育、转化的基点上。要转化后进生，就应使他们对以前的缺点与不足有正确的认识，引以为鉴，以防止重蹈覆辙。所以，惩前不是目的，只是为了毖后；毖后才是惩前的出发点和归宿。只有惩前，才有利于毖后；只有毖后，惩前才有实际意义。惩前要力求使后进生心悦诚服，这就容易取得良好的毖后效果。

转变后进生的工作要求是什么

1. 要爱不要恨

对待后进生，教师要利用自身的人格威望及其对学生的真挚热爱和期望进行潜移默化的熏陶，感情的温度提高到后进生思想的"熔点"，

使师生的感情熔炼在一起，促使后进生转变。憎恨、厌弃、冷若冰霜只能使后进生愈益走向歧途。

2. 要教不要训

对后进生要从正面教育入手，以理服人，讲究教育过程中的艺术性，把耐心说服和必要的纪律约束结合起来，培养他们的自我控制能力，矫正不良行为习惯。训斥、谩骂、讽刺、挖苦的简单方法只能适得其反。

3. 要严不要罚

在尊重和信任学生的基础上，提出合理的严格要求，对其缺点错误进行严肃的批评和教育。严格与尊重相结合，激起学生的自尊心、上进心和自信心，使其成为一种积极的鼓舞力量。用变相体罚方法来整治学生，即使你有恨铁不成钢之心，学生也不会有丝毫感激之情，其结果学生只会以逆反心理相报。

4. 要拉不要推

后进生的转变不是做一、二次工作就能见效的，而是要经过长期、反复、耐心的教育。要善于发现后进生、细微进步、反复抓、抓反复，切忌不闻不问，听之任之。拉一把"回头是岸"，推一把"万丈深渊"。

5. 要正不要斜

老师要站在公正的立场上，对任何学生一视同仁，不偏爱"得意门生"，不轻视后进生，懂得人总是在发展变化、后进生中也可能出人才的哲理。

6. 要和不要凶

平易近人、满腔热情易被学生接受，也易激起学生情感上的共鸣，产生强烈的感化作用。有些老师可亲度不足，可畏有余，摆老师的架子，居高临下，用高压的方法制服对方。这种方法极易伤害学生的自尊心，激化矛盾。

转化后进生的禁忌有哪些

1. 认识上忌偏见

有的班主任对后进生常存在偏见，总认为他们"一无是处"，甚至"不可救药"。这样很容易使后进生感到前途渺茫，因而自暴自弃。因

为当他们发觉老师对自己存在偏见，总是用老眼光来看待自己时，就往往丧失自尊心和上进心，有的甚至出现逆反心理。其实，后进生虽然毛病多些，但只要我们用"一分为二"的观点去看待他们，善于发掘他们身上闪光的火花，并满腔热忱地帮助他们刷掉身上的污垢，那么后进学生是可以转化为先进学生的。

2. 态度上忌冷漠

一般来说，后进生，特别是有较严重缺点错误的后进生，由于曾多次受到批评（甚至处分），因此往往精神不振作，犹如伤了元气的病人。这样的后进生更需要得到别人的理解、信任、温暖和友谊。如果对他们态度冷漠，或爱理不理，或放任自流，或多方歧视，这就犹如在快熄灭的火上再浇上一勺水，使后进生心灵受到更深的创伤。如果班主任用父母心、兄长情，关心爱护他们，主动接近他们，同他们说心里话，给他们以温暖、信任和鼓励，那么后进生就会打开闭锁的心灵，倾听老师的教诲，从而逐步树立起自信心，焕发出积极向上的进取精神。

3. 语言上忌讽刺

"良言一句三冬暖，恶语伤人六月寒。"后进生有了进步，即使是小小进步，都应当给以真诚的赞扬和鼓励。对他们的缺点和错误，则应当以诚恳的态度，满腔热情，循循善诱，耐心说理，点燃其心灵的火花。否则，只能使问题复杂化，把事情弄得更棘手。

4. 情绪上忌急躁

后进生的思想转变是个复杂过程，有的后进生往往改正了一个缺点，接着又出现一个毛病，所以做后进生的转化工作不可能毕其功于一役。

苏联著名教育家苏霍姆林斯基说过："教育，这首先是关怀备至地、深思熟虑地、小心翼翼地触及年轻的心灵，在这里谁有细致和耐心，谁就能获得成功。"印度诗人泰戈尔也有句至理名言："不是槌的打击，乃是水的载歌载舞，使鹅卵石臻于完善。"同样的道理，班主任如果给后进生以深情的关注，贴心的爱抚，有趣的引导，不倦的教诲，就像"水的载歌载舞"一样，那么后进生的思想是会转化过来的。

应怎样批评后进生

1. 抑扬兼用

美国著名女企业家玛丽·凯认为，赞美"是鼓励下属的最佳方式"，而"将批评像三明治似的隐藏在两个大大的赞美之间"。转化后进生的大量实践证明，后进生对教师的褒扬之辞十分渴求，对后进生一味地进行批评，必然会导致逆反效应，即心理上的不信任、厌恶和对抗情绪。贬抑与褒扬相结合体现了对后进生一分为二的态度，容易使后进生感到批评者的通情达理和实事求是，从而在心理上较乐于接受批评。

2. 情理交融

情感作为一种潜移默化的感召力量，已成为广大教育工作者的共鸣，情不通，理不达，感情相悖，即使是"金玉良言"，也免不了会"好雨落在荒田里"。但是，在重视对后进生"感情投资"时候，也不可过于迷信"爱的效应"。

教育工作者的任务是要治疗后进生心灵的创伤，驱除其心灵的阴影，挽救其被污染扭曲的灵魂，而要达到这一目的，非真理的力量不可。

3. 冷热相间

一般来说，对后进生的批评要把握时机，趁热打铁，这样做一方面是防止和控制后进生过错行为蔓延和继续恶化，造成学校、班集体以及个人更大的损失，另一方面是因为时过境迁，后进生的心理波动和过错感受已经淡化，容易把批评者的批评当做是"算陈账"，而加以拒绝；但是，教师对后进生的批评教育有时也要"冷处理"，即当后进生情绪不够冷静之时，要稍作等待，搁一搁再处理。这样既可以避免师生间不必要的正面冲突，减少师生之间紧张对立的情绪，同时也可以使批评者在处理问题少一点"感情用事"，多一点"理智介入。"

4. 点面结合

由于后进生与后进生之间在感情上相互吸引而"同病相怜"，有时候就形成了一个非正式群体，他们之间彼此制约，相互影响，教师要冷静地对待这个"面"，切不可低估这个"面"的消极作用。要通过各种良好的舆论规范，紧密联系实际，使后进生对"哥儿们义气"产生切

肤之痛，培养他们正确的是非观念，形成他们正确的道德评价意识。对非正式群体中的"领袖人物"，要做好重点突破工作，要借助于学校、家庭、社会各方面的力量，促使"点"的转化和"面"的瓦解。做"点"的工作切忌采用粗暴、生硬和"杀鸡儆猴"的简单化办法。

5. 刚柔相济

对后进生的批评有时要像烈火一样刚气激烈，有时又应如流水一样柔情一片。刚柔相济，体现了教育转化艺术的多样性，批评的刚柔与后进生的个性心理有密切关系，顺应后进生的个性差异，或以刚制柔，或以柔克刚，或外柔内刚，或刚中寓柔，都可以收到批评教育的预期效应。教育的实践表明，对那些性情机敏、疑虑心理较重、自我防卫能力较强的后进生则应刚柔相济，灵活多变，以便迅速冲破对方的心理防线，使他们较快地意识到批评者的意图，倘若对他们轻率地采取"正面交锋"，非但他们不愿敞开心扉，与教师进行情感的交流，甚至很可能会造成他们精神上的负担，从而人为地增加转化工作的难度。对于那些反应速度快、脾气暴躁、否定性心理表现明显、行为常为情绪所左右的后进生，最好采用"春风化雨，点滴入土"的以柔克刚的方式，以商讨的口吻，平心静气地把批评的信息传递给被批评者，改变被批评者可能存在的对抗动机，稳定他们的情绪。而对那些消沉颓废、行动散漫，或自我意识淡薄、被动性强，或不正视过失，且爱察言观色、怀有侥幸心理的后进生，批评者则应当"投猛剂、起沉疴"，对其猛击一掌，通过语言、内容、语调的强刺激，以"刚"促使其从昏迷中震醒。

6. "跟"、"放"统一

"跟"，即对后进生实施批评后的跟踪随访。教师要善于观察后进生在被批评后的各种行为反映，透过他们行动倾向的表象，把握其悔过认错的深层本质。跟踪过程中，如果发现后进生确有改正之意，应及时鼓励，如果发现后进生对教师的批评当做"耳边风"，则要考虑更为有效的改变其行为的策略。跟踪差生不是监督后进生，这就有一个"放"的问题。即放手让后进生完成某种任务，甚至委以重任，要为后进生的成长提供、创造一个良好的环境，使其个性沿着正确健康的方向充分自由和谐地发展，让后进生体察到教师的关怀和信任。

7. "批"、"评"互补

"批"，即教师要指出后进生的偏态行为，使后进生了解自己，但

"批"必须要"评"来补充，即教师要帮助后进生分析产生偏态行为的原因及其危害，使后进生正确地认识自己，心悦诚服地明确纠偏方向。只有"批"得正确，"评"得在理，"批"、"评"互补，才能使转化教育工作相得益彰。

如何宽容后进生

对于犯错误的学生，教师常有两种不同的态度：对表现好的学生，教师在处理中多少含有宽容之意；对于后进生，则是严厉有加，训斥不已。对正在转化的后进生，常有"恨铁不成钢"之感。如果把后进生的转化过程看作是一部机器的运转过程，那么，促使其运转停止的原因，就是缺少了"润滑剂"——宽容。

苏霍姆林斯基说："要知道孩子是不会故意做坏事的，如果教育者硬认为孩子有这种意图，是蓄意于不良行为的，这就是教育上的无知。这样在教师竭力'砍掉劣根'的同时，把所有的根子都砍掉了，结果使童年时代生机勃勃的幼芽枯萎了。"这是值得我们深思的。

首先，教师要对后进生充满爱心，对其转化具有充分的信心。爱心是信心的基础，信心是爱心的表现。

其次，要有敏锐的观察力。后进生的性格一般比较独特，他们的思维、观察都有自己特殊的一面，因此他们所表现出来的缺点、错误也有相对独特的地方。这就要求教师有敏锐的观察力，对他们转化过程中所表现出来种种错误加以分析，正确对待。要宽容他们由于习惯特点造成的错误，对新出现的情况，也要作出具体分析。

再次，要学会健忘。后进生一般有较强的自尊心，教师切不可抓住其不足之处不放，"新账旧账一起算"。如果这样，教育效果就会适得其反。教师要学会"健忘"，不必对后进生的"差"耿耿于怀。教师要豁达大度，为宽容打下良好的心理基础。

最后，要善于运用幽默。对学生的错误要宽容，但宽容不是回避，也不要是视而不见，任其发展，而是要巧妙地运用迂回战术，克服错误，这就需要幽默。幽默风趣隽永，能显示智慧的光芒，能在愉快的气氛中让学生明白自己的过失，又能暗示应行之道，幽默导致的宽容，具

有高度的教育价值。

如何在课内外辅导后进生

后进生的理解、思维、表达、记忆等能力一般都比较低，许多知识都需要经过多次反复教才能接受，因此加强对后进生的辅导尤为重要。对这些学生，重要的是发展他们的智力，也就是培养和发展他们的观察力、思考力、记忆力、想象力。就教师来说，主要是教会学生学。例如，培养学生学会读书，要在培养学生读书的具体指导中，使学生学会对书本的知识内容进行分析、概括，学会发现问题，指出问题，学会检阅工具书独立地解决难题。特别是随着学生年龄的增长，注重培养学生善于总结自己的学习过程，自觉地调整自己的学习方式，改进自己的学习方法。

1. 在课堂教学中适当照顾后进生

对他们采取"四优"措施：优先提问，通过让他们多回答问题，促进他们思维能力的发展；优先板演，使他们得到多练的机会；优先批改，优先辅导，使他们及时发现问题，及时纠正，达到当堂学习，当堂消化的目的，避免把问题积累起来，力争新课不"欠账"。

2. 对后进生进行有的放矢的课外辅导

后进生学习上"欠债"多，他们的知识就难以衔接。要注意在课前对后进生补好与本节教学内容有关的基础知识，为他们扫清接受新知识的障碍，减少学习上的困难。

3. 及时掌握后进生的反馈信息，及时辅导

教学中注意抓好每学完一部分内容即进行综合练习这一环节，及时了解学生掌握知识的程度，获得反馈信息，然后按题类分别记下那些尚未弄懂这类题的学生的名字，及时分组进行辅导，并在以后的教学中注意多让这些学生解答此类题目，通过强化练习，使他们掌握和巩固所学知识。

4. 让学习好的学生帮助学习差的学生

要注意发挥"小老师"的作用，指定一个成绩好的学生和一个后进生组成学习互助组，让前者督促后者完成当天的作业，帮助他理解没有学透的知识和巩固所学知识。

5. 搞好家校联系，争取家长支持，共同提高后进生的成绩

提高后进生的学习成绩，是一项艰苦、细致的工作，但是不改变这部分学生的状况就不能大面积提高教学质量。因此，即使在困难的情况下，也要满腔热情地关心他们，爱护他们，使他们树立起自信心和激发起学习兴趣。

同时，采用适当的教学方法，是能够提高他们的学习成绩的。

如何了解后进生的非正式小群体心理

在工作实践中，我们常常见到一些后进中学生，他们少则三五个，多则十个八个经常凑在一起聊天、嬉戏，组成了相对稳定的带有较强感情色彩的非正式小群体。这种小群体大致分为三种类型：消极型非正式小群体、波动型非正式小群体和破坏型非正式小群体。

消极型非正式小群体的目标与班集体共同奋斗目标在总体上是不一致的，所起的作用往往也是消极的，但他们的活动并没有超出法律许可的范围，也没有很严重地违反校规校纪的行为。

所以，这类后进生非正式小群体是班集体加以引导和教育的对象。

波动型非正式小群体的目标与班集体目标时而一致，时而不一致，对班集体目标时而关心协作，时而挑剔发难。这类小群体既有积极作用，又有消极作用，处于一种波动状态。

破坏型非正式小群体常常无视校规校纪，其成员有严重的打架斗殴、偷盗、敲诈勒索等恶劣行为，是一批害群之马。一旦事发，往往受到勒令退学、开除学籍，甚至劳教等处分处罚。

后进生非正式小群体之所以能形成，主要由如下心理所致：

1. "同病相怜"心理

后进生非正式小群体中的绝大多数成员，一是学习成绩差，对学习失去信心，缺乏积极性；二是不遵规守纪，经常挨批受训。共同的"遭遇"，很容易使他们产生一种"同病相怜"的心理，很自然地凑在一起。

2. 求同心理

后进生尽管差，但同样很要强，很希望在班级中显出自己的存在和价值，要是从学习成绩上来表现，即使再刻苦学习，一时也很难"立

竿见影"、"出人头地"；要是从遵规守纪上来表现，即使再好，也难以得到教师的肯定，况且这又是他们不愿做的。所以，他们要表现自己，只有靠言行上与众不同。在文体活动中，他们积极参加，而且尽力表现自己，主观上为自己脸上增光，客观上为班集体添彩，可惜这类活动对他们来说太少了；在平时的课上课下，他们喜欢出风头，课堂上好嘀咕，自习课上好逗趣儿打闹；在玩的方式上，他们平时好缺课，出去逛大街，出入游艺室、录像厅、电影院，或是打架斗殴，寻衅滋事；在不遵规守纪方面，单个人这样做，太显眼，怕老师"枪打出头鸟"，受到校规校纪处分，因此他们盼望不遵规守纪的学生越多越好，这样他们就可以互相"壮胆"，造成"法不责众"的局面，从而逃避惩罚。这种消极成分较多的求同心理，使后进生无形中凑在一起，无需明确的组织纪律要求，他们之间都会默契配合，来对付老师、对付学校。被动或主动告密者，都会受到疏远，甚至惩罚。

3. 互补心理

后进生中个头有高有矮，身体有强有弱。矮的弱的为避免受别人欺负，增加安全感，就寻求保护，而这种愿望要求往往能从身强力壮的同学那里得到满足，所以这部分后进生很容易听命于身强力壮的同学。而身强力壮的后进生支使弱小的比较容易，能产生一种满足感、自豪感，所以他们也乐于做弱小后进生的后盾。

在这三种后进生非正式小群体中，消极型的和破坏型的是少数，尤其是破坏型的更为少见，波动型的占大多数。班主任老师应着重疏导转化的消极型和波动型非正式小群体，促其转变。一是要正视它的存在，切忌采取粗暴、生硬的办法，如"禁止其活动"、"禁止其接近"等。因为这不仅收不到预期的效果，反而会扩大这些后进生的不满情绪，发展增强其与班集体对抗的凝聚力。二是采取疏而导之的方法。具体来说就是：

1. 鼓励为主、批评为辅

要善于发现和肯定后进生的优点，甚至不惜用"放大镜"去找他们的优点，对其有益的言行应及时表扬鼓励。该批评的，还要进行批评，但应注意批评的方式：不讽刺挖苦，不伤其自尊心，要留有余地，给其悔过自省的机会。

2. 满足其正当的心理需求

针对后进生渴望实现"自我"的心理，班主任应进行积极正确的引

导，尽量满足其正当的心理需求。平时不妨多开展一些文体活动，多举行一些主题班会，为后进生提供更多的参与机会，以发挥他们各自的爱好特长，显示其能力和价值。同时，应结合各种活动渗透正确的人生观教育和集体主义思想教育，鼓励他们多为班集体着想。班主任平时还应多接近后进生，及时了解他们的愿望和要求，关心他们的学习和生活，多同他们交换思想、交流感情，教育引导他们理解父母，尊重老师。

3. 加强"纪律、友谊、义气"三者关系的教育

这两类非正式小群体的后进生之间很讲哥儿们"义气"，为朋友可以两肋插刀，唯恐说他不讲"义气"，不够"哥儿们"。他们常常片面地把讲哥儿们义气视为友谊，在很多事情的处理上不讲原则，不顾纪律，不知道讲了"义气"却帮了倒忙，误了别人，也害了自己。因此，应重视和针对后进生的这一心理，对其进行正确的"纪律、友谊、义气"谈话及其三者关系的教育，让学生明白讲哥儿们义气不等于是友谊，讲"义气"不能不讲学校纪律，要积极引导他们在同坏人坏事作斗争上和在做好人好事上讲义气讲友谊。

4. 做好核心人物的工作

这两类非正式小群体的核心人物在小群体中"威信"较高，有较强的号召力和影响力。因此，做好核心人物的工作对做好这类小群体的工作是至关重要的。对待这样的"核心"学生，班主任老师在关心的基础上应讲究策略，对班级有关规章制度的制定和事情的处理可多征求他们的意见，必要时可任命他们担任班干部，通过他们来了解后进生的思想和行为，帮助做好后进生的思想工作。任用后进生负责班级部分工作，班主任老师务必摸清他们的思想，关注他们的行为表现。这是因为，他们往往管了别人，却管不住自己，干好事的有他们，干坏事的也有他们；起积极作用的有他们，起消极作用的也有他们。所以，在关心爱护的基础上，更要严格要求，规范他们的日常行为，使其扬长避短，不断进步。

如何了解双后进生的心理特点

双后进生不但学习成绩差，思想品德也差。做双后进生的工作确实是一项艰巨、细致、复杂的工作。只要我们能够深入了解双后进生产生

的原因和心理特点，对症下药，做好转化工作，就可以产生春风化雨、点石成金的效果。

双后进生是以他们的年龄特征、生理和心理矛盾为内因，并在一定的家庭环境和社会环境中形成的。其中，家庭环境不好，家庭教育缺乏科学性是重要原因之一。

再者，社会环境的影响也是一个重要原因。随着改革开放、商品经济的发展，一些不健康的思想渗透到校园，特别是"多读书不如早挣钱"等新的"读书无用"论冲击着学生的思想，使学生失去了学习兴趣，影响了学生学习的积极性。

此外，学校教育方面也存在某些不足之处，如思想教育不够得力，有些教育方法不能适应新形势的要求，学生的学业负担过重，其中少数学生由于基础差，学习目的不明确，对学习不重视，不听课也听不懂课，不做作业也不会做作业，不守纪律而错误不断，常挨批评遂产生破罐子破摔的思想。

这时教师如果不深入了解情况，不及时给予帮助，而是放任自流，或是采取惩罚的办法，动辄训斥，或向家长"告状"，任意停课等，都将会加速双差生不良品德的蔓延和滋长，也会使一部分本来可以转变的学生因贻误了教育时机或教育方法不当而变成双后进生。

双后进生具有这样一些心理特征：

①贪玩、不愿学、意志薄弱。双后进生意志薄弱，上课注意力不集中，不认真听课，学习成绩差，随之产生厌学心理。他们精力充沛，活泼好动，但是非不清，不能用正确的道德观念战胜不合理的要求和不良的思想行为。有时，他们想变好，特别是老师找他们谈心后能"好"几天，但由于意志薄弱，过几天又会恢复原状。

②自卑与自尊共存。双后进生和其他学生一样都有强烈的自尊心和好胜心，他们希望得到别人的尊重和理解，但他们成绩差又经常犯错误，往往遭到讽刺和冷落，所以自尊心受到严重伤害，便产生自卑心理。但是，他们为了满足自己的自尊，故意和老师对着干，顶撞老师，表现自己有"能耐"，并把打架、破坏纪律当成英雄行为，以此为资本炫耀自己，以达到矛盾心理的平衡。

③用"对立"保护心中的疑惧。双后进生看起来无法无天，其实他们犯错误后心虚，怕老师、家长。有时，老师的一个眼神、一个动

作，甚至无意中的一句话都会引起他们的冲动与憎恨。他们还常常错误地认为老师的教育是故意找麻烦，家长的教育是嫌弃他们，同学的帮助是嘲讽他们，从而采取疏远、回避、警惕的态度，如果谁"触犯"了他们，他们就会采取粗暴无礼的行动。

④感情用事，服软不服硬。平时我们看到双后进生对他们所佩服的人很讲义气。他们在学校和家庭经常遭到指责和冷遇，他们在成长过程中很少得到爱，一旦有人给他们爱护、帮助和支持，便会很快与这个人交上朋友（但常因分不清是非而交上不三不四的朋友），他们对教育的态度是服软不服硬。

那么，如何对双后进生进行教育呢？

①早抓，从小抓，防微杜渐。双后进生的形成和转化有一个从量变到质变的过程。双后进生一般在小学四五年级开始形成，初中阶段开始恶化，所以，要早抓，从小抓，防微杜渐。

②抓基础，帮学习。双后进生经常犯错误与他们自身知识贫乏有关，仅抓思想教育不能解决根本问题。在做双后进生的工作时，一定要帮他们把学习搞上去，这是转变双后进生的根本措施。

③正面教育，循循善诱。双后进生自尊心强，爱面子。他们做错了事，不要不问青红皂白，开口训斥，讽刺挖苦，更不要揭老底算"旧账"，也不要随便当着众人的面批评他们，防止产生对立情绪和逆反心理，要尽量先找出他们身上的积极因素和"闪光点"，及时给予肯定。先拉近他们与教师的距离，再动之以情，晓之以理，帮助他们找出犯错误的原因和改正错误的方法，启发他们明辨是非，促使他们自觉地改正错误。

④教育工作者要有高度的责任感，真正热爱后进生。现在都提倡热爱差生，可双后进生时常给教师带来意想不到的麻烦，致使一些教师无论如何对他们也爱不起来。所以，要真正地爱后进生，教师必须具备高度的责任心和事业心，放下架子，充分了解他们，真正和他们交朋友，真正地爱他们，取得他们的信任，然后再进行教育，效果就好了。

青少年的思想远没定型，他们的可塑性还很强，落后只是暂时的。只要我们掌握他们的心理特点和形成原因，采取科学的教育方法，他们是会变好的，他们中的绝大多数是会成为祖国建设的有用之材的。对此，我们应充满信心！

如何带动学生的热情

班主任对学生的激励，就是激发和鼓励学生的动机和行为的方法，是调动学生积极性的重要手段。学生的动机是由他们的多种需要所引起的一种心理状态，是激励他们去行动达到一定目的的内在原因。正确的动机不是自发产生的，而是在教师有计划、有组织、有目的的教育下，逐渐培养起来的。德国著名教育家第斯多惠认为，教学的艺术不在于传授的本领，而在于激励、唤醒、鼓舞。

班主任对学生的激励就是对其成绩的肯定，使其行为得到承认。学生认识到自身行为的价值，积极性就会得到进一步发挥，形成强大的内在动力。学生主要是希望得到班主任的信任及肯定，若在应该满足时却得不到，一般来说，他们的积极性就会消退。因此，从满足学生需要的角度讲，激励是十分重要的，不可缺少的。满足了他们的需要，他们的积极性才能得到调动，得到发展。

激励是一种对学生的动机和行为的肯定的行为，它反映了什么样的动机和行为会受到教师、其他学生的尊重，什么样的精神和风格会得到赞扬，也告诉大家社会需要什么，教师提倡什么，激励的导向作用是具体的、强有力的，是一般的教育不能替代的。

班主任工作就是使学生去实现教育目标的过程。班主任只有通过激励激发学生的热情，才能保证班主任教育工作的实现。

为此，作为班主任应善于"煽动"学生的热情。

激励手段的正确运用，可以使孩子在感情上变得活泼、开朗，求知欲旺盛，对未来充满信心。反之，孩子的积极性和创造性就会受到压抑，聪明才智就难以发挥。社会在发展，教育在前行，抛去我们的抱怨和斥责，用赏识的眼光去看学生，用亲切的话语去激励学生。每个孩子都是活生生的有感情的人，只要付出爱心，枯草也会发芽；只要一缕阳光，他们就会灿烂。那么，班主任应该如何激励学生的积极性呢？

1. 付出情感

俗话说："感人心者，莫先乎情。"要发挥同学们的学习热情，必须建立好班主任与同学们之间的良好感情。两者的人际关系既有行为规

范和社会传统规范的成分，我想更有情感的成分。经国内外教育心理学家研究认为，一个人积极的情感可以提高人的活力；反之，消极的情感就会削弱人的活力。师生间的学习应是心与心的交流，也就是"心诚则灵"的境界。

一般来说，班级凝聚力的高低同班主任与同学之间的交流沟通密切相关。有时班主任一句亲切的问候，一番安慰的话语，都可以成为激励同学们热爱集体、刻苦学习的动力。因此，在班主任工作中更需要班主任以情感人，做到感情投入，重视与同学们之间的沟通交流，使班集体从内部产生轻松和谐民主的气氛，从而使同学们都自觉维护班集体利益，为学习创造良好氛围。

2. 重视榜样的作用

所谓榜样，就是我们通常所说的典型、模范。榜样的鼓舞力、带动力和共鸣力可以使人产生尊敬的心理，进而效仿和学习。德育心理学认为："人物形象——优秀事迹——内心思想——成长道路"是榜样教育培养个体特性的基本线索。我们应以这种"榜样效应"为契机，组织、引导学生学习优秀榜样人物。培养优良品德的榜样教育，在我国的传统教育和当前学校德育活动中已经成为不可缺少的一个重要内容。

3. 带动学生智力的自主活跃

心智是人们的心理与智能的表现，也是新课程改革中的一项重要内容。让同学们能学、会学、创造性地学，这才是对同学们智慧的激励。

但也有人片面地认为，激励就是调动同学们学习的积极性，让同学们想学、愿学、有热情、心情舒畅，这实际上只说对了一半。激励同学们想学、愿学是对心的激励。激励从心开始，可以达到对智慧的激励。要启发学生心智，除了任课老师在课堂启发外，班主任还应该创设一个民主化的班级氛围，做到真情互动。同时，还应抓住适当的机会，给予鼓励引导。

4. 培养学生的自信心

许多心理学家研究结果表明，个体的心理定式在成才过程中起着重要的作用。那些自我肯定的内心倾向较稳定者，其成功率大都超过自我否定倾向较明显的人。

我们可以认为自信心作为一种积极进取的内部动力，其发展水平是与活动的成败相对应的。正如范德比尔特所说："一个充满自信的人，事业总是一帆风顺的，而没有信心的人，可能永远不会踏进事业的门

槛。"说明自信心是人成才不可缺少的重要因素，它在青少年心理健康教育中的价值已被社会广泛所认可与接受。

如何处理班级中的"非正式群体"

对班主任来说，班级管理是一项系统工程。在班级建设中，有众多的影响其形成和运转的因素，如班主任的性格、管理方式和理念等特点以及学生的各种构成结构等。很多班主任都能注意到以上的因素，并按照各种情况的不同采取各种相应的、合适的原则方法，调动各种积极因素，消除各种消极因素，想尽办法，把班集体引向正轨，建设优秀的班集体。

但在众多的因素中，有的班主任往往忽视了一个因素。这个因素对于一个班集体来说，起着非常重要的作用，这种作用可以是积极的，也有可能是消极的。这个因素便是班集体中的"非正式群体"。因此，如何对待这种因素，便会起着迥然不同的效果。在学校班级中，我们经常能够发现"三人一圈"、"五人一伙"的现象。他们放学一起走，作业一起做，生日一起过……这种不是校方规定，而是自发形成的联合体，即所谓的"非正式群体"。这种小群体与班集体（正式群体）共同决定着学生相互间的社会心理气氛，以及班级目标的实现。因此，班主任必须正视非正式群体存在这一客观事实，并深入研究这一现象的客观规律性，使班级内各种非正式群体与班集体的发展协调一致。

非正式群体的形成原因是多方面的，其中最主要的原因是学生独立意识的不断增强和社会交往的展开，是学生主动要求找回自己生存空间的有益尝试，同时也是学生发展自己特长、张扬自己个性的需要，是学生主体性增强的具体表现。

教育社会学认为，班级中非正式群体是客观存在的，正确对待并实施有效的教育是建设良好班集体的重要环节。一旦非正式群体的目标、价值规范等逐步与班集体统合起来，集体中每个成员就都能够在班级、小组中找到有社会价值的、自己感到满意的位置，每个人会逐渐成为同龄伙伴所喜欢和重视的人，每个人就会感到自己在班内是不可替代的一员。在教育教学中，我们一方面要抓好正式群体的教育，另一方面也要重视对非正式群体的教育，这样才会促进团结进取、奋发向上的班集体形成。

　　苏联心理学家列希斯尼克的研究表明，学生在班级非正式关系中的地位，对其心情与举止有较大的影响。但是，在满足学生合群需要的同时我们也不能一味地放任自流，任其发展，结果导致消极的小团体的产生，使得班级的组织纪律松散无序，班集体的凝聚力受到冲击。因而，班主任应该做好疏导、教育工作。

　　非正式群体成员间互相切磋、学习，可以增长知识，交流感情，增进友谊，尤其是在困难时的互相帮助起到了补充作用。从这一角度上说，那些积极向上的非正式群体应该以鼓励为主，促使其不断进步。但是，学生毕竟社会阅历浅，人际经验缺乏，要想把握好交往的尺度，确非易事，把握失度就会产生消极影响。

　　因此，教师指导学生如何与人交往，当好人生导航员，在学生的成长中尤为重要。教师应根据学生交往的需要、能力的差异性，指导他们正确认识周围的人，懂得如何避免和解决冲突，积累交往的经验。当然，最关键的还是教师用爱心去努力营造一个互相信任的氛围，尽最大可能让学生在信任中获得沟通，在成功中恢复自信，在考验中明辨是非，在冲突中锻炼意志，在道德选择中走向成熟。

　　一个凝聚力很强的班级，并非简单的群体之和，是一种整体大于局部的整合。在这方面，我们应注意不能因自己的先入为主思想刻意地把学生公开划分为三六九等而导致人为的隔阂。各种非正式群体形成后，学生之间的交流相对局限于自己的圈子内，与他人、其他群体之间交际相对减少。特别是那些具有消极倾向的小团体，他们以自我为中心，利己主义严重，只顾群体成员的利益而妨碍班集体的利益，这种群体则应予以疏散。他们之间也许因为一时冲动而走到一起，长此下去，必然会削弱整体—班集体的力量。

　　非正式群体一般有其公认的代表、智囊，在群体中居于领袖的地位或核心作用。该生在非正式群体中的威望与在正式群体中的地位有时会不一致，也就是说，这些"领袖"在班级里不一定是班长、团支部书记，也许连小组长都不是，但他们在非正式群体中的影响，可能会胜过父母的赞许、老师的评价、同学的认可。因而，有效地利用非正式群体中核心成员的作用，必然会收到以点带面，牵一发而动全身的效应。我们不妨经常与这些同学接触交谈，通过他们把握该群体的思想动态，听取他们的呼声。你会发现，利用他们去做好其他成员的工作，有时比老

师直接做某个同学的工作效果更佳。有意识地安排这些同学到班级的管理层中来，也不失为一种有效联络方法。因为，他们至少在某一方面有一些突出的能力，有较强的说服力。如果他们在正式群体中是一个"干部"，两种群体间就会和谐合作，并充分发挥功能。倘若把他们排斥于班集体的各级领导层外，稍不留神便会造成两种群体领袖间的对立。还可以根据实际情况，把一些工作安排交由这些非正式群体学生去完成，编小报、研究性学习、各类比赛等，能发挥他们的群体优势。当然，还要注意打消这些核心成员的"出头椽子先烂"的思想顾虑，通过他们带领一大批的同学融入到班集体中来，朝着整个班级的目标共同前进。这不正是我们所期望的吗？

如何提升自己的责任心

责任心是人对某一具体事务的积极关注和心理投入，它往往外化为对某一负担的承认和对某一任务的积极行为。责任心不仅是一种心理品格，也是一种道德素质和能力要素。

对于奋斗在教育工作第一线的班主任来说，责任心是其工作的原动力，是做好班主任工作的关键。责任心是任何事业获得成功的一种宝贵品质，能促使人追求工作尽善尽美，因而能够创造性地开展工作，出类拔萃地完成任务。法国著名作家巴尔扎克为人类贡献了一座文学大厦，他因享誉世界的创造性成果而被称为文学上的拿破仑。但与其说巴尔扎克有非凡的创造力，还不如说他有超乎寻常的责任心。

班主任的责任心能够增强班级荣誉感和凝聚力。班主任是连接学校与学生之间的桥梁，是全班学生的组织者和管理者，班主任的责任心体现在上对学校负责，下对学生负责两个方面，对班主任工作负责就能充分发挥好桥梁与纽带作用，认真落实学校的各项活动，保证学校布置的各项工作能够迅速及时、准确无误、畅通无阻地传达到班级，并积极带领全班同学，通过各种组织和教育手段，使学校的各项工作得到很好的落实，并取得良好的成绩，进而增强班级的荣誉感和凝聚力。

美国教育心理学家故诺特博士曾深情地说："在经历了若干年的教师工作之后，我得到了一个令人惶恐的结论：教育的成功和失败，

'我'是决定性因素。我个人采用的方法和每天的情绪是造成学习气氛和情境的主因。身为老师，我具有极大的力量，能够让孩子们活得愉快或悲惨，我可以是制造痛苦的工具，也可以是启发灵感的媒介，我能让人丢脸也能叫人开心，能伤人也能救人。"

由此可见，班主任的责任心是多么的重要啊！

班主任老师除了承担自身的教学任务之外，还是班集体的管理人。学生的日常学习生活细微而琐碎，班主任的责任心特别体现在点滴之间、细微之处。作为班主任，要做个有心人，深入学生生活，观察询问，了解关心每一个同学，及时掌握他们的思想动态，把责任化整为零，把对班集体所有同学的教育和引导有针对性地指向每一个个体，努力实现责任到人。

要教育好学生，就得先了解学生。一般任课老师碰到新接手的班级，对学生的名字很陌生，有些老师甚至学期结束了，还叫不出学生的名字。但班主任就不同了。

对于班主任而言，了解学生是教育学生的基础，班主任工作是否有成效，在很大程度上取决于对学生的了解是否深入。只有掌握了学生的思想状况、个性特点，了解他们的学习、生活情况，才能从实际出发，有的放矢地进行教育。

关心爱护学生是班主任老师的职责。爱的力量是无穷的，班主任工作离不开对学生的爱，在思想上爱护他们，生活上关心他们，学习上帮助他们，但在爱的同时又要注意不能溺爱，爱得过分。在尊重、信任、理解学生的基础上，对学生进行思想品德教育。学生思想品德教育要从一点一滴做起，从小事入手，对在小事上暴露出来的问题，抓住不放，及时进行教育，即可产生良好的效果。

班主任的责任心体现在对学生坚持不懈的"引导和培养"上，体现在不遗余力地培养学生的自我管理能力上。一个优秀班集体的形成，需要班主任的"引导和培养"。用什么做引导？引导可通过舆论、报纸上的有关文章、主题班会、黑板报等途径，但其中班主任的言行影响最大。例如：我们在班会上不断地向学生讲理想、讲道德、讲互助精神，引导他们学好文化课，这种教育应不怕啰唆，反复地灌输，这样就会自然而然地在学生头脑中形成一种理念，就会形成一种积极向上的风气，这样良好的班风也逐渐形成。

如何引导学生消除"唱反调"的心理

什么是逆反心理？

有一部分孩子对于父母和老师的批评和劝导不像以前那么听话了，甚至产生抵触、不顺从的情绪。人们把孩子的这种心理称为逆反心理。它是指在一定的外界因素作用下，对某类事物产生反感情绪，做出与该事物发展的常理背道而驰的举动的一种不正常的、抗拒的心理活动。逆反心理是一种发自内心的、不愿顺从的心理状态。在上面的现象中主要是指学生对教师的抵触心理。

心理学家普遍认为，逆反心理是客观环境与主体需要不相符合时产生的一种心理活动，具有强烈的情绪色彩。它的出现存在着明显的年龄特征，在青年期较为突出。青少年学生正处于心理生理快速成长期，形成逆反心理的因素相对比较复杂，既有生理发展的内在因素，又有社会的外在因素。青少年学生生理发展与心理发展的不平衡，是导致逆反心理产生的重要原因。在体力、脑容量等生理指标方面，青少年学生已接近或达到成人的水平，但对社会的认知与理解则相对不足，遇事心理承受能力较弱，这种反差易形成心理上的不适与矛盾。同时，青少年学生在自然成长的过程中，情绪的变化往往反复无常和起伏不定，自控能力较弱者容易走向偏激，一旦受到外界的某些刺激，如学习负担重、升学就业压力大、人际交往受挫等，会产生客观环境与主体需求不相符合的感觉，从而导致心理烦躁、不满甚至厌恶，进而表现出某些方面的逆反心理。

对青少年学生而言，逆反心理是一种普遍存在的正常的心理现象，只不过有弱强之分而已。表面看起来这种心理是消极的，令人不快的，甚至带有危险性，但不能简单地把它归咎为"人格偏差"，更不能消极地将之描述为"是非不分、好走极端、为所欲为"。我们应客观地对其进行评价，全面认识其利弊影响。

学生的"逆反心理"是一种消极的抵抗心理。这种心理一旦产生，就会形成一种固定的思维模式，对教师的教育乃至所有的言行都持否定的态度，使教育达不到预期的效果，久而久之还可能导致矛盾激化。因此，班主任一旦发现学生对自己形成了"逆反心理"，应及时采取措

施，予以疏导。

由于逆反心理是客体环境与主体需要不相符合所造成的，所以从根本上说，要清除和矫正逆反心理，就要从解决客体环境和主体需要之间的矛盾入手。

1. 班主任要拥有完善的人格

班主任要养成一种完整的人格，一种心胸宽广、自强不息、乐观向上的气质。一种求实致远、朴实高雅的品位，一种"贵贱不淫、威武不屈、贫贱不移"的品格，学生在这样人格的感化下才能养成健康的心理品质。

（1）了解与爱护学生

当学生觉得老师值得亲近、信赖时，就会把老师的教育当做是出于好意而接受。如果班主任能够经常做做"心理换位"，就能理解学生，就能永远保持一颗"童心"，一颗理解学生的心，就能体会学生的苦恼，更深刻地了解学生的需要。班主任只有与学生同乐、同忧、同悲，学生才会感到班主任是"自己人"，乐意与其亲近，乐意听从教导，这样教育效果就会倍增。

（2）尊重学生

尊重学生人格、保护学生的自尊心是避免学生产生逆反心理的最有效的措施之一。当学生受到了班主任的尊重，他们就会尊重班主任，尊重班主任的意见。班主任要以自己的热心、诚心和耐心，满腔热情地关心学生的成长，通过自己的"将心比心"赢得学生的"以心换心"，达到"师生知心"，从而激起情感的共鸣。当师生双方情感交融之日，就是学生希望别人理解和尊重的需要得到满足之时。

2. 充分调动班级的作用

在积极向上的班集体里有健康的舆论，同学间团结友爱自尊自重，处在这样良好的环境里，就会大大有利于学生逆反心理的转化。同时，应经常开展班级活动，班级活动一方面可以使学生学习如何遵守规范和规则，另一方面还可以使他们体验到集体生活的乐趣。学生在班级中有强烈参加集体生活、获得友情、受到重视等内在心理需要，因而十分重视集体对个人的要求、评价和信任。

如何帮助学生克服自私心理

班主任在教育实践情境中，经常会遇到这样或者那样的一些问题，如：只埋头读书，对同学的困难和请求置若罔闻；随地乱扔纸屑和杂物，而轮到他打扫又一走了之；对学校和班级的活动总能找出理由，能不参加就不参加；与同学相处，只能占上风，不能吃亏；无法正确对待老师和同学的批评，总觉得自己做的一切都是对的；上课不仅自己不认真听讲，还影响其他人，自习课到处借东西或问作业，还振振有词，他没有讲闲话……

美国一位心理学家在露天游泳池中做了一个有趣的实验，故意安排不同的人"溺水"，然后观察有多少人去营救他们。结果耐人寻味：在长达一年的实验中，当白发苍苍的老人"溺水"时，累计有20人进行营救；当天真活泼的孩子"溺水"时，累计有32人进行营救；而当妙龄少女"溺水"时，营救人员的数字上升到50人。

心理学家称，这个实验可以证明人性中有自私的倾向，虽然同样是救人，但他们在跳下水的那一刻，很清楚他们心里在想些什么。

其实，每个人心里都有"基于自己利益"的潜意识倾向。也就是说，许多人同时帮助一个人和一个人帮助一个人，当然是后者更有成就感和更具有回报的可能性。

要逐步淡化、消除学生的自私心理，使其树立正确的人生观、价值观，班主任还需有一套行之有效的措施。

1. 从思想上说服

青年学生尚未形成稳定的思想观念和心理定式，正需要用正确的思想去引导。针对学生的心理特点，增强思想教育的感染力，可采取两种办法：

（1）换位法

就是让受教育者换位，站到对方的角度去分析问题，从而得到相反的结论。先让学生平息情绪、冷静思考，引导其暂时放开自己的观点，完全充当对方的角色。这样看问题就会得出与自己初衷相背的想法，以此说服学生。

（2）推广法

就是让受教育者将自己自私的想法推广到多人，得到一种难以令人

接受的局面，从而否定其观点。例如：站在我的角度，我需要大家的关心，但我不愿付出任何代价。推及多人，就会形成大家都想索取，却无人付出的局面。显然，既无人付出，又从何而取，这势必得出结论：只有从我做起，改变观点，关心理解他人，才能换得大家的关心。

上述两种方法可以配合使用。运用时班主任应心平气和地与学生谈心，从思想上去说服，而不是硬把观点强加于学生，否则就难以奏效。

2. 有意识地为学生提供机会

对教师的思想说服，学生很可能接受一时，再遇事极易重蹈覆辙。若让他们自己在实践活动中体验，证实了教师的说法，就能自觉地接受教育。

如何帮学生走出自卑心理

自卑心理是指对自己的能力和品质作偏低的评价。有自卑心理的学生，非常害怕在别人面前表现自己。他们在校内，经常是手足无措，羞怯畏缩，课堂上不敢发言，话到嘴边说不出来；在校外，他们怯于与人交往，孤僻寡言。

自卑，又称自我否定意识，是一种因过多地自我否定而产生的自惭形秽的情绪体验。自卑心理是一种普遍的心理现象。自卑心理主要是由于某种生理或心理缺陷及其他原因（如智力、记忆力、判断力、能力、成绩等方面的不足）而产生的轻视自己、认为自己在某些方面不如他人的心理状态。从自卑感形成角度来看，由于自尊心受到压抑，使得这些学生放弃了积极实现自尊的努力。他们由于各种原因对自己的品质、智力、能力等感到怀疑并作出过低的评价所产生的心理感受，又称自我否定意识，表现为消极的自我评价。这是与常人的自尊心相对立的一种病态心理。

自卑心理一旦形成并得到发展，就会对人的心理产生日益显著的消极影响，特别是中学生尚处于心理发展不稳定的年龄阶段，自我否定意识更容易引起情感情绪的巨大波动和思想观念的急剧变化，严重影响其学习和生活，在特定的条件下甚至酿成自杀、出走甚至犯罪等恶性事故。

在现实生活中，学生往往会在需要与可能之间产生矛盾，引起心理冲突；在需要与目标之间产生矛盾，引起心理压力；在压力与承受力之间产生矛盾，引起心理对抗。这些矛盾的激化，容易导致青少年的心理障碍，而自卑心理就是其中较为普遍的一种。它既影响了学生健康个性

的建立，也在一定程度上使学生的学习、行为、生活能力的发展受到阻碍。这必须引起班主任的足够重视。

自卑是人生的大忌。对于刚踏上人生之路的学生来说，消除自卑心理显得尤为重要。一般来说，自卑的人决定一切的出发点是怎样更容易地避免失败，而不是怎样获得最大的成功。在这种前提下行事，是很难达到目的的。如果一个人自卑多于自信，且习惯于贬低自己，那么他的失败将是不可避免的。如何矫正学生自卑心理呢？

1. 要让学生确信心理的力量

英国心理学家哈德尔曾做过一个有趣的试验。他请来三个人，要求他们在三种不同的情况下尽全力抓紧握力计，以便研究生理是如何受心理影响的。在一般清醒的状态下，他们平均的握力是 101 磅。第二次试验则将他们催眠，并告诉他们，他们的身体患有疾病。他们的平均握力只有 29 磅，还不到正常力量的三分之一。第三次试验则将他们催眠后告诉他们，说他们很强壮，结果他们的平均握力达到 142 磅。

由此看来，生活的快乐与否跟人们对生活的看法有很大的关系，因为生活是由思想造成的，人们的精神状态对人们的身体和力量也有很大的影响。

明白了这一点，学生才会意识到保持乐观的重要性，才会意识到保持良好的心理状态的必要性。只有让学生确信不同心理所产生的不同作用，学生才能产生克服自卑心理的主观愿望。

2. 要让学生客观地认识自我

对自我不能正确地认识，是产生自卑心理的原因之一。要使学生学会客观地认识自我，必须首先让他们明白多角度思考问题的巨大作用。

世界上有两种人：一种是凡事越想越坏的人；另一种是凡事越想越好的人。无数事实证明，当事情发生时，越往好的方面想，越有利于解决问题。凡事越想越坏的人是悲观主义者，他们对事情不好的一面感受特别强烈，心志也容易动摇，结果就会造成错误的决定，而将事情推向更不好的境地。因此，我们要乐观地看待问题，多角度地思考问题，有效地解问题。

3. 要让学生正确地自我调节

怀有自卑心理的学生，或由于自己某些方面的不足，或由于过低地估计自己的能力，或由于目标过高，达到不易。对于他们，我们应引导

他们正确地分析自己所面临的客观实际，掌握自我调节的基本方法。

总之，矫正学生的自卑心理是一项长期而艰巨的任务，只有持之以恒地不断探索，才能取得更好的效果。

怎样帮助学生克服焦虑心理

焦虑是一种伴随某种不好的事件即将发生的预感而产生的令人不愉快的情感，严重的焦虑表现为恐惧。

学生时期是人一生中身心发展的关键阶段，也是人生观、世界观逐步形成的时期，这时调适焦虑心理不仅使身心得到健康发展，而且对日后的身心健康、适应社会能力的养成均有重要意义。

很多班主任在工作当中都遇到过这样的情形：某几个学生读书非常用功，但成绩总达不到理想，而他们自己或家长的期望值却很高。所以，每一次考试后，这些同学特别沮丧。如果学生面临这样的多次失败后，无形中就会觉得自己很笨，对读书感到绝望，就容易形成"习得性无助感"。而这样的同学往往比较懂事，会觉得对不住父母，内心会产生很强的焦虑感。

目前，学生焦虑心理相当普遍。这种不良心理障碍将影响学生的正常学习，影响学生的身心健康，如果不能及时调整，就可熊会成为性格特征的组成部分，对个性的形成和发展产生严重后果。为此，作为班主任帮助学生克服焦虑心理势在必行。焦虑使学生精神紧张、烦躁、思维混乱、注意力分散，它不但使学生学习效率下降，而且严重影响着学生在考试或竞赛中良好竞技状态的形成。帮助学生克服在日常学习和考试中的焦虑心理是提高学生的学习效率和成绩的有效途径之一，同时也是提高学生心理健康水平的有效手段。

1. 班主任可针对产生焦虑心理的原因，区别对待

每一个学生都是一个独立的个体，他们的学习方式、看待问题的观点、处理问题的方法都各有不同，同样他们在学习和生活中产生焦虑心理的原因也是各异的。要消除他们的焦虑心理就要找出根源"对症下药"。如那些性格内向、不擅言词又渴望友谊，但在同学交往中总是失败的同学，往往会对社交产生焦虑心理。对于这样的学生我们应该和他们交朋友，成为他们倾诉的听众，进而帮助他们克服心理障碍，树立信心，用积极的心态面

对社交活动。这样就能够帮助因不同原因产生焦虑情绪的学生消除焦虑心理，提高他们解决日常学习和生活中不同问题的能力。

2. 班主任可利用不同形式的活动帮助学生克服焦虑心理

中小学生，特别是中学生常因学习的紧张、名目繁多的考试、相互间的竞争而产生持续的焦虑反应。针对这些情况，我们可以利用不同形式的活动来转移学生的注意力，培养学生多方面的能力，克服他们的焦虑心理。如根据学生对不同体育运动项目的兴趣、爱好和特长，在班级中成立体育兴趣小组，引导鼓励学生每天坚持参加体育锻炼。因为经常从事体育锻炼不但能有效降低学生的焦虑反应，而且可以稳定情绪，开朗性格，同时使他们的注意力、记忆力、反应、思维和想象能力得到提高。又如组织学生走出校园去拥抱大自然，让美丽的自然风光缓解学生在学习中产生的紧张情绪，同时能使学生团结友爱、互帮互助的优良品质得到提高，使整个班集体更具有凝聚力。总之，这一张一弛的不同形式的活动不但可以提高学生的多方面能力，而且能够使得学生的焦虑心理得到缓解。

3. 班主任可引导学生设置有效的目标克服焦虑心理

学生在学习中都会为自己设置一个目标，正确、有效、可实现的目标可以集中人的能量，激发兴趣、引导和组织人的活动，是行动的重要推动和指导力量，它可以使学生产生成就感，提高他们的学习兴趣和自信心。反之，模糊、不可实现的目标会使学生怀疑自己，遭受挫折，产生焦虑。所以，我们在日常的教育教学工作中应当引导学生设置正确、具体、可实现的目标，避免确立不论通过多少努力也不可能达到的目标。同时，我们还应该注意学生所设置目标的阶段性，即引导学生将一个目标化分成多个子目标，他们每完成一个子目标都相对较明显地看到自己的进步，看到自己的努力和成绩进步的因果关系，并产生不断克服困难达到下一个子目标的欲望和动机。这样就会大大降低学生产生焦虑心理的因素。

怎样处理迟到生

我们作为教育工作者，面临的是成长中的学生，其思想和行为都具有很大的可塑性。因此，面对迟到的学生，我们应努力做到：

1. 宽容理解

当学生迟到时，许多老师恨不得马上要他来个彻底改正，要求学生

"以后不准再迟到一次，否则就……"。这种做法很可能让学生产生逆反心理，干脆"破罐子破摔"。

学生有独立的人格和较强的自尊心，我们应该给予尊重，这样才能收到事半功倍的效果。所以，在处理这些学生的迟到问题时，我们要多关注他的生理、心理，了解他的家庭、朋友等，以便走入他的生活世界，尽量减少误会。只有在了解学生的前提下教育学生，才能取得预期的教育效果。

2. 不要溺爱纵容

学生迟到，我们老师应该对学生进行批评。通过批评，使学生认识自己的错误，进而努力去改正。

教师在批评学生时不能板起面孔高声吼叫，不应该是大声训斥或挖苦数落，也不能情绪化，更不能看迟到的学生是优等生还是学困生而采用不同的处理方式。批评不是目的，而是教育的一种手段，因此我们要讲究批评的艺术，注意批评的方法。

教师对学生的关爱与呵护，它使学生产生巨大的内驱力，引导学生去自觉地、主动地沿着老师指出的方向迈进。正如巴特所说："教师的爱是滴滴甘露，即使枯萎的心灵也能苏醒；教师的爱是融融春风，即使冰冻了的感情也会消融。"

怎么处理不愿意值日的问题

班级环境卫生关系到一个班级的精神面貌。一个班级纪律状况的好坏也往往与这个班级的卫生状况有密不可分的联系。值日是一个必不可少的学习任务，是一项体现在体力上的学习工作。如果把值日看成与学习相冲突的事情，这是对值日的一种极大的误解，说明我们学生的学习观念、劳动态度、服务意识有问题。这也正是我们学校教育和教师应该担当起的教育任务。

值日生的自主与自愿，是培养学生良好的心理素质和健全人格的要求，是培养学生健康体魄和文明卫生习惯的要求，也是培养学生健康的审美观和审美能力的要求。一句话，是实施素质教育的要求。

一个干净整洁的教室可以使学生心情愉快地学习，这种影响是潜移默化的，而值日生就是为大家营造干净整洁学习环境的人。值日是班级

管理中重要的一环。

一、按原则安排

1. 益处

这是一个出发点，必须让学生明白制订一切制度和措施都是为了班级好、学生好。值日安排也是如此。同时还必须做到这种安排对所有学生一视同仁，才能避免学生产生抵触情绪。

2. 效率

值日的安排必须行之有效，要避免大而空的措施。有些措施的制订还可以采用让学生自己讨论的办法来产生，这往往可以收到很好的效果。

3. 根据

值日的安排必须符合一定的教育教学原则和学生身心特点，以避免执行中出现不必要的麻烦。

4. 适度

值日的安排要体现层次性特点，这样才能达到渐进性育人的效果。应有几个不同维度的处理措施，让学生受到教育，让家长心平气和地接受相关处理意见。

二、安排值日的各种做法

1. 以自然小组为单位

每周按座位自然形成的四个小组轮流值日，周五是班干部。如果哪个组被扣分则第二天继续为大家服务。这样一来主动权下放到组长手里，由组长合理安排值日分工，并能在培养小干部的基础上进行二级小助手的培养，同时也是配合开展小组竞赛的考察方法。实力强、凝聚力强的组肯定在值日过程中表现出色。

2. 以值日小组为单位

劳动委员事先列出一张详尽分工的值日生安排表，定岗，定员，定时，一切按规范办事。各值日生明确自己的分工和任务，值日前由值日生检查谁的座位下有不该有的东西，如废纸、痰迹等，谁的座位桌凳不整，谁的书籍、簿本和文具放置不齐。值日中由学生监督是否按要求值日，值日后由班干部、班主任检查值日效果。

3. 培养学生自愿值日

承担责任是人成熟的体现。在优秀的班集体中，可采用"自愿值日"的方式。在班级中既无值日表，也不存在小组包干。班级值日出自学生内心的自觉行动。这种值日的优势在于：将卫生值日这种常规管理转变为一种集体活动，学生在值日中的心态发生了质的变化，即由"别人要我做"变为"我自己应该做"、"我自己愿意做"，在调动学生值日积极性的同时，能让学生在值日中产生高尚的道德情感体验，有助于推动班级向自主管理的较高层次发展。

三、培养学生自愿值日的方法

由于值日是一项旷日持久的工作，如何使"自愿值日"持之以恒并取得较好的值日效果和教育效果，教师还必须做到：

1. 在班集体建设的价值取向上，坚持以人的主动、健康发展为本，让每一名学生的发展都能得到应有的重视。

2. 要着力营造班级温馨的氛围，让学生时刻感受到师生关系的融洽、集体的温暖、同伴的互助，进而激发其主人翁的意识，将班级事务，尤其是值日视为己任，让"我为人人，人人为我"的观念深入到每一名学生心中。

3. 要重视班级日常生活的教育价值，赋予值日工作以崇高的意义。教师在实践过程中要深化学生"不扫一室，何以扫天下"的思想，提出"做人先学扫地"的口号。班主任也时常加入到"自愿值日"的行列，每周至少和学生一道打扫一次卫生，并将这些行动喻为"揩拭心灵的污迹"。

4. 把值日表的名称改为"服务表"。教室公布栏贴的不再是命令式的值日表，而是主动式的服务内容，例如"我来打扫教室"、"自行车由我服务"、"窗玻璃由我服务"、"橱柜由我服务"、"我来擦黑板"、"我来管理清洁区"，等等。这样，就把被动的"要我做"变为了主动的"我要做"，培养了学生的主人翁意识。如果在"服务"过程中出现了失误，如不按时、不认真、不符合要求等，学生就会自责自改，其他同学也会在心理上原谅他，用行动帮助他，从而培养学生的合作意识。

维系这种值日方式的支柱是学生的责任意识，这种责任意识一方面源自于学生在班级中多重社会角色的自我认知，另一方面源自于外在约束。泰戈尔在《流萤集》中说："只要我们是自愿的，就不会觉得艰

苦。"在自愿值日中,教师要让学生意识到自己在班级中须要承担的责任,并将这种认识自觉付诸实践。

如何看待"眼中沙"

学生有好、差之分,但都会犯错误,这种状况不以教师的主观意志为转移。特别是目前许多学校管理仍然没有摆脱"升学率"这一指挥棒的控制,许多教育管理措施仍然以提高学习成绩为最终目标,使得教师不得不过分重视学生的学习,过于重视学生的学业,从而把教师自身的压力转嫁到学生身上,使得学生的压力过大。这样的教育很容易挫伤学生的自信心或使学生产生逆反心理,或养成学生盲目听从的奴性人格。

教育的艺术要求我们要善于拨开学生眼前的迷雾,点燃学生心中的希望之火,让学生在学习的过程中品味到成功的喜悦,培养学生的责任心和荣誉感。而这一切都需要我们充分尊重学生的人格,尊重他们的选择,能够正确对待他们的错误。

人本不可能是完人。学生是成长中的人,他们是伴随着错误成长的。老师的眼里不光要容得下"沙子",还要学会把这些"沙子"打磨,使之变为"金子"。

容忍学生的错误并不意味着放纵,更不能置之不理。我们应做到关心学生,理解学生,了解这些错误产生的原因,并帮助他们分析原因,改正错误。

一、心态良好容沙存在

1. 为何容忍

教师的心态是影响学生的一种无形的力量,这种力量也会影响到班风、学风的建设,甚至影响学生在人生道路上的成长。在教师与学生的接触中,教师的举手投足、一言一行都会给受教育者以影响。那么,教师的心态在实施教育过程中对学生有怎样的影响呢?

1968年,心理学家罗森塔尔和雅各布森做过一个实验,这个实验后来被称为"皮格马利翁效应"。他们对小学一至六年级的学生进行了一次预测未来发展的智力测验,而后随机在各班抽取20%的学生作为实验组,并有意告诉每个班的教师,这些学生是未来的花朵,有很大的

学习潜力。8 个月后，再对全体学生进行了一次同样的测验，发现实验组的学生的成绩比控制组的有很大的提高。

这个实验的结果说明了教师对学生的积极态度能有效地促进他们的发展。教师积极、乐观、健康向上的心态会给受教育者以积极的影响，使教学工作和班主任工作正常有序，而且卓有成效。相反，消极低沉的心态使受教育者感到压抑沉闷，产生逆反心理，导致工作失败，甚至教育性质的改变。现实生活是日新月异、复杂多变的，作为直接的教育者——教师，尤其是班主任，必须不断调整心态，调整好工作和生活的角色，以求树立教师的最佳形象。

2. 如何容忍

明确了教师心态的特点及作用后，在实际工作中我们就应该培养积极健康、乐观向上的心态。那么，我们应该怎样做呢？

首先，树立对教育负责的意识，加强和提高思想修养；其次，培养乐观向上的人生观，树立远大的育人理想；再次，不断地充实自己，努力调节人际关系。此外，教师还要认真研究受教育者的身心特点，因材施教，不能一味地追求"三率"（升学率、优秀率、及格率），不能拔苗助长。同时，教师要有持之以恒的态度。"十年树木，百年树人。"有些学生"时冷时热"，一次或几次考试的失败，就灰心意冷，也有的学生昨天才受教育，今天又犯错误。这些都是学生成长中不可避免的。教师应该及时调整自己的心态，以宽容的态度对待他们。

二、点"沙"成"金"

在成长的过程中，学生难免有失误，难免会犯错误。学生犯了错误以后，老师要能够从学生的角度出发，帮助学生认识错误，和学生一起分析错误的危害，告诉学生以后怎样做才能少犯错误甚至不犯错误。

1. 理智对待

学生犯错之后教师要分析学生的错，了解他所犯的错是哪一类型的：是主观上的还是客观上的；是可避免的还是不可避免的；是大错还是小错；是可原谅的还是不可原谅的；是一而再、再而三的错，还是偶尔的错，千万不能"眉毛胡子一把抓"。我们不能小看给这些错误定性的意义，因为如果定性不对，就有可能影响到我们处理的方法、把握的程度和最终的结果，从而会给你接下来的教育工作带来负面效果。比如

说小题大做会让学生心理上承受不了；但如果大题小作，学生就会产生一种侥幸心理，有可能再次犯错。所以大错大处理，小错小处理，我们要理智地把握好这个"度"。

2. 智慧对待

（1）一分为二。现代心理学研究表明，人的智能是多元的，是存在差异的。这就要求教师特别是班主任能全面地看待学生。现实生活中许多成绩好的学生往往比较自私，甚至蛮横不讲道理，因为他们自认为讨老师喜欢，仗着有老师给他们撑腰就可以任意而为。而一些成绩不好的学生往往在操作技能、在艺术、体育等方面有较为突出的表现，他们也在不同程度地为班集体增光添彩。

教师对待学生时应就其长避其短，创造条件促进其健康成长。我们只有坚持一分为二的观点，全面分析，掌握学生的优势和不足，才能有的放矢地做好班级工作和教学工作。

（2）注重个性。世界上没有两片完全相同的树叶，班级里也没有特征完全相同的学生。这就要求教师针对不同层次的学生，具体问题具体分析。

（3）解决迅速。一个班集体中，任何学生都或多或少存在不同程度的缺点，会在不同的时间、以不同的形式显现出来。作为教师就要勤收集、勤分析来自学生、家长的信息，要抓住一切契机，加强对学生不良言行的控制和纠正。如有的学生缺乏学习主动性，连续多次不完成作业，教师要多方面了解其原因，调动其学习的兴趣，激发学习热情，不能以罚作业、罚站等方式简单处理。允许学生有自我改正的过程，用耐心和宽容使学生逐步认识到上课听讲、课后完成作业是学生学习的一种义务，是学习的必要过程。

3. 善用"沙子"

作为教师，不仅要理解、宽容学生的错误，更要用指点迷津的理智去化解、点拨学生的错误。要把错误作为一种促进学生情感发展、思维发展的教育资源，巧妙地加以利用。

生活中有这样一种现象：一个人犯了错误，别人说他错了，他却认为自己是对的。经过不断的实践后，他才会知错改错，接受教训。对于学生出现的错误，教师就不能急着下定论，而是要把错误作为一种教育资源，引导他们从正反不同角度去看待错误，给他们一些改正的时间和空间，从而让学生在改正错误的过程中学会成长。

如何对待"另类"学生

现在社会上有这样一种有趣的现象。一些在读书时期经常被老师和家长称赞的"好孩子"，工作后的成就反而不如那些老是被批评的"差生"。

如果我们细心观察就会发现，那些所谓的"坏孩子"其实是处于青春期的孩子中最早自我意识觉醒的一群孩子。他们比同龄的孩子好奇心更强。他们非常喜欢新鲜的东西，对于枯燥无味和过多重复的东西往往感到厌恶。这一类的孩子往往更为聪明和敏感，较早地开始具有"自我意识"。对于师长要他们做的，而他们觉得没意思的事情会自觉不自觉地进行抵制。刚刚进入青春期的他们，刚萌生朦胧的"自我意识"，并不具有处理应对各种状况的能力，所以才往往表现出行为偏差。

但是，假如引导得好，这些比其他人更为敏锐的学生会比那些"读书机器"更能适应社会，更会有所成就。

我们的教育观念要与时俱进，教育理念要不断创新，这样才能适应时代发展的需要，才能应对千变万化的教育实践的需要。作为一个新世纪的教师，应该不断研究新情况，解决新问题。对这种"另类"的学生，教师要用一颗宽容的、善解人意的心去包容他们，给他们以正确的引导，使他们健康成长，出类拔萃。

现代教育中出现越来越多的"另类"学生，他们的教育转化工作不仅是班主任老师棘手的问题，更是学校的重点工作。探索"另类"学生的转化工作，尽快找出教育规律，寻求一个有效的教育方法或模式是我们初中德育工作中亟待解决的课题。

随着年龄的增长，学生的独立意识、自我意识随之加强。在学校或者班级里，学习成绩不太好的学生常常沦为被漠视群体。他们为争取自己的地位，往往通过"问题"行为表现不满或者反叛以引起老师的注意。如果老师遇到这种情况大惊小怪，就使这些学生的不良欲望得到了满足和强化。因此，我们在这类行为面前要有意淡化。

经验告诉我们，对待问题学生，教师只要一急躁就容易把事情弄僵，陷入被动。人在激动的时候，很难理智地思考问题。"另类"学生多数是不善于控制自己感情的，他们冲动起来可以忘乎所以，老师若跟他们对着干，不但没有效果，而且有失身份。所以对问题学生进行诊

疗，前提是教师要冷静。一般说来，问题学生发生的问题大都不适合"热处理"，先放一放，等大家都冷静下来再处理不迟。不管发生什么情况，即使是对方的错误在情理上难以原谅，我们也不要冲动，非但不能"趁热打铁"，有时反而须"适当冷却"。

教师在不能完全认定是学生犯了错误的情况下，要保持克制和冷静。即使是学生真的犯了错误，也要考虑到学生犯错误的原因可能是多方面的，有故意的，也有无意的，然后据此斟情处理。

好的班主任在遇到问题时的第一反应要像科学家见到不明飞行物的照片一样，怀着好奇心问道："这到底是什么现象，为什么会出现这种现象？"这种反应最有利于问题的解决，而且对教师心理健康大有好处。如果你抱着这样的态度的话，你会发现，当你冷静地把他当做一个研究对象的时候，你的反感和厌恶立刻就减轻了，因为你不大可能讨厌你希望了解的东西，好奇心能冲淡厌恶。教师要深入了解事实，调查情况，通过研究分析后对学生的思想行为作出实事求是的评价，给予公正合理的批评，只有这样才能得到处理问题的最好办法。

人是矛盾的集合体，人心灵世界的真善美与假恶丑无时无刻不在斗争着。初中学生喜欢探求自我、认识自我，在成长过程中有一些曲折、偏离和反复是正常的。即便真的是犯错，我们也要鼓励学生自己战胜自己，教会学生用自己心灵深处的能量照亮自己的精神世界。

学生阶段是人生充满激情、充满个性、充满困惑的阶段，也是人生最具有好奇心和创造性的阶段。因此，在遇到我们成人不能理解、不能接受的事件时，我们不应该摆出一副盛气凌人、教训人的架子，要真诚地帮助他们，关心他们，体贴他们，站在学生的角度去看问题，想问题，要满足学生的合理要求。

学生的个性是多种多样的，正因为这种多样的个性才构成了我们世界的丰富多彩。有时候我们眼中的"问题"，在正确的教育和精心的引导下，或许会演化为一种独特的创意；有时候我们担心的"个性"，在正确的教育和精心的引导下，或许会发展成为一种风格和特色。对待"另类"学生，如果只是按照传统和经验去围追堵击，就可能会打击和摧毁掉我们本想倡导和期望的新一代最重要的创新精神。